A filosofia, como interrogação fundamental e primeira, é a preocupação permanente do homem. Com o intuito de permitir o acesso desta disciplina a camadas do público cada vez mais largas esta colecção preenche uma etapa necessária do conhecimento filosófico.

Kierkegaard

Título original:

Kierkegaard

Tradução: Rosa Carreira

Revisão da tradução: Ruy Oliveira

Capa de FBA

Depósito Legal n.º 189623/02

Biblioteca Nacional de Portugal – Catalogação na Publicação

MESNARD, Pierre

Kierkegaard. - (Biblioteca básica de filosofia; 33)
ISBN 978-972-44- 2071-4

CDU 1 Kierkegaard, Sören

Impressão e acabamento:
CASAGRAF
para
EDIÇÕES 70
em
Março de 2003

EDIÇÕES 70, uma chancela de Edições Almedina, S.A.
Avenida Engenheiro Arantes e Oliveira, 11 – 3° C - 1900-221 Lisboa / Portugal
e-mail: geral@edicoes70.pt

www.edicoes70.pt

Pierre Mesnard
Kierkegaard

A VIDA

UMA EXISTÊNCIA DIALÉCTICA

A posição excepcional que Kierkegaard ocupa na história do pensamento ocidental parece dever-se em primeiro lugar a uma vida singular, verdadeira tragédia espiritual cujas diversas peripécias, e diversas possibilidades incitarão a reflexão existencial e lhe permitirão, pela confrontação dos respectivos temas, a constituição de uma filosofia nova, muito mais de acordo com a realidade vivida do que os sistemas anteriores.

Sören Aabye Kierkegaard nasceu a 5 de Maio de 1813 em Copenhaga. Era o último filho de pais bastante idosos, tendo seu pai 56 anos e sua mãe 44 quando ele veio ao mundo. A juventude do filósofo foi profundamente marcada pela influência do pai, personalidade simultaneamente rica e inquieta.

Humilde pastor na charneca jutlandesa, na Dinamarca, revoltado contra a natureza da sua condição, Mikael Pederson Kierkegaard insurgira-se contra Deus numa cena digna do Antigo Testamento; em seguida, depois de O ter amaldiçoado fora procurar fortuna na capital, o que conseguirá bastante bem como fanqueiro, para se retirar dos negócios aos quarenta anos e consagrar o resto da vida à sua cultura geral. Atormentado pelos remorsos da cena da maldição e das condições bastante duvidosas em que tinha desposado a criada imediatamente após a morte da sua primeira mulher, o velho Kierkegaard procurava a verdade religiosa pelas mais diversas vias: na igreja luterana do Estado, de que era um paroquiano fiel, na sociedade dos irmãos morávios, na filosofia do Iluminismo e, sobretudo, nas discussões de uma pequena academia que se reunia em sua casa e na qual brilhava em primeiro plano o pastor Mynster, futuro bispo de Copenhaga.

O jovem Sören, fugindo à companhia da mãe e dos seus irmãos e irmãs, preferia o convívio do pai, que lhe revelava um cristianismo cheio de angústia; entregava-se a jogos que sobreexcitavam a sua imaginação, assistia em segredo aos debates filosóficos iniciando-se assim, em tenra idade, nos problemas mais diversos e nas argumentações mais subtis. Estudante inteligente mas indisciplinado e de trato difícil, no final dos estudos revelou gostos literários e oratórios indiscutíveis. Foi o suficiente para que o destinassem à carreira eclesiástica que o irmão mais velho, o futuro bispo de Aalborg, seguia já com sucesso: carreira aliás bem paga num país com religião de Estado e que lhe permitia, enquanto esperava um casamento burguês, fazer longos e apaixonantes estudos de filosofia e teologia na Universidade de Copenhaga.

Tais estudos, de facto, deviam durar oficialmente onze anos. Onze anos que não foram de modo algum consagrados à frequência assídua das aulas, se acreditarmos no próprio diário de Kierkegaard. Estudante muito livre e desafogado economicamente, leva, de 1830 a 1838, uma vida superficial e desordenada.

Dandy, frequentador de teatros e sobretudo de cafés, as suas maiores preocupações são surpreender os seus concidadãos pela elegância do seu trajo, e predominar sobre um pequeno grupo de estudantes pela abundância dos seus discursos. Os temas não faltam a estes aprendizes de filósofos. A política está em primeiro plano nos seus estudos. A corrente liberal proveniente da Revolução Francesa deixou marcas profundas na Dinamarca: são mantidas pelo teatro, que se esforça por ser muito parisiense. Mas, na literatura e religião é a influência germânica que prevalece, sob a forma do que se chamou o romantismo alemão e que abarca pelo menos três gerações: a do *Sturm und Drang,* com as grandes figuras de

Goethe e de Schiller; a dos românticos propriamente ditos – Schlegel, Hoffman, Tieck –, e enfim a de *A jovem Alemanha*, com Heine.

Kierkegaard lê com paixão todos estes poetas que formam a sua sensibilidade. Mas não é menos sensível ao romantismo filosófico de Fichte, Schelling e sobretudo de Hegel. A doutrina hegeliana que concilia no seu seio todas as correntes vindas do idealismo kantiano, avança violentamente em toda a Europa central. Os teólogos luteranos, que não querem parecer antiquados, começam a adaptar a doutrina cristã à moda actual: tal é em particular o caso de Martensen, um dos professores mais em voga em Copenhaga. Mas este racionalismo abstracto e dedutivo choca já muita gente. Uma resistência ao hegelianismo organiza-se em torno do filósofo Sibbern e do poeta Poul Moeller. É a esta corrente que, após uma curta fase de sedução hegeliana, Kierkegaard não tardará a reunir-se, definindo a filosofia dinamarquesa, por oposição à especulação germânica, como uma filosofia da existência ([1]).

Mas, de momento, esta existência projecta-se sobretudo no plano estético. A vida dissoluta de Kierkegaard bebe no romantismo alemão a ideia da superioridade do mundo do teatro sobre o mundo real. A ópera está na base de uma formação musical que marca profundamente a sensibilidade do filósofo. A influência de Mozart é tão profunda como a de Hegel: Kierkegaard não cessará, durante a sua vida, de ir ouvir *Don Juan*, que deve ser considerada como uma das fontes essenciais da sua filosofia. Tal lhe exige, por agora, a justificação e a satisfação do erotismo abstracto e virtual, que é a norma da sua existência. Existência factícia, desordenada e bastante vazia, já ameaçada pelo «mal do século». Como Musset, e por razões análogas, Kierkegaard entrevê o cristianismo como um porto de salvação, mas receia as suas exigências práticas e adia para mais tarde a ocasião de uma «cura radical» .

([1]) Cf. Pierre Mesnard, *Le vrai visage de Kierkegaard*, Paris, Edições Beauchesne, 1948, p. 57.

Acontecimentos decisivos deviam precipitá-lo, um pouco «*malgré lui*», nos planos ético e religioso. Foi primeiro o que chamou *o grande tremor de terra*. Este acontecimento, que parece situar-se por volta do ano 1837, caracteriza-se pela revelação da falta paterna. Kierkegaard tem impressão que ela arrasta uma maldição sobre a sua família e sobre ele próprio: é introduzido, para o que der e vier, no mundo do *pecado* que não sairá mais do seu horizonte. Mas no preciso momento em que se encontra mais preocupado com isso, vê seu pai morrer confortado com os sacramentos, reconciliado com Deus, com o filho e consigo próprio (8 de Agosto de 1838).

Data da mesma época o caso do noivado, que viria a ter sobre a vida e a obra do filósofo uma influência muito considerável. O jovem estudante encontra no mês de Maio de 1837 uma deliciosa jovem, Régine Olsen, filha de um conselheiro da corte, cujos encantos precoces tinham já provocado a declaração de um primeiro noivo, Frederico Schlegel. Kierkegaard, por sua vez, não demora a sentir-se apaixonado. O seu diário consagra, já em Fevereiro de 1839, a jovem como «rainha do seu coração». Conseguirá cativá-la e fazer-se amar por ela: a 10 de Setembro de 1840, ficam oficialmente noivos. Kierkegaard parece ter encontrado na morte de seu pai e no feliz noivado a chicotada necessária para «assentar» e para levar a bom fim os estudos até então negligenciados. A 3 de Julho de 1840, obtém o certificado de teologia e trabalha na tese sobre *O Conceito de Ironia constantemente referido a Sócrates* que defenderá a 29 de Setembro de 1841.

Mas o desenrolar da sua vida sentimental não tarda a acusar a presença de uma neurose ligada provavelmente à angústia infantil e às suas repercussões sexuais. É o famoso «espinho na carne» cuja natureza não é difícil de adivinhar visto que, depois de ter impedido Kierkegaard de se casar, foi também um obstáculo para a sua vocação eclesiástica. Desde então assistimos a uma infeliz história de amor. O noivo, empenhado em seduzir e dominar uma companheira que lhe permite saborear com delícia as promessas do amor, revela-se incapaz de actuar no plano das suas realidades afectivas. O pânico toma-o sempre que entrevê as necessidades da união conjugal: antes morrer no próprio dia do casamento ([1])! E se lhe aconteceu, durante e após a crise, projectar o seu amor no plano religioso, é de uma religião que ignora sempre o deus Hímen.

Em face deste noivo abstracto e tirânico, mas que por isso não é menos profundamente admirado e amado, Régine sente a sua feminilidade desabrochar de dia para dia, enquanto o seu parceiro se esforça por ficar no domínio do platónico e no plano das primeiras promessas. A situação torna-se em breve penosa porque Kierkegaard, incapaz de chegar a uma ruptura franca, encarrega--se de afastar de si a noiva, doravante incómoda, denegrindo-se a seus olhos. Depois de uma bela defesa, Régine resigna-se por fim ao inevitável: a 11 de Outubro de 1841 devolve-lhe o anel de noivado com um último beijo. A atitude posterior dos dois noivos não permite duvidar da intensidade do seu sentimento. Mas Régine, tomada pela vida, não tarda a casar-se com o seu primeiro noivo: só morreu em 1902, aos 80 anos, depois de uma vida calma e bem preenchida.

O abalo que ela tinha provocado no espírito de Kierkegaard não estava no entanto perto de desaparecer. Este noivo muito consciente sofre profundamente a sua derrota, perguntando-se se não deverá ver nela o sinal de uma vocação superior: a da solidão diante de Deus. Enquanto todas as possibilidades de uma vida feliz ligada ao desenrolar normal do primeiro amor se perfilam diante da sua imaginação criativa, Kierkegaard é chamado pelo seu «espinho» intolerável à reflexão sobre o pecado e suas consequências existenciais. A crise inteira viveu-a sem dúvida com uma má consciência, mas sob o olhar de Deus. Tem necessidade de se recolher longe do teatro do drama para pôr as ideias em ordem e para tirar a lição dos acontecimentos. Assim, a 25 de Outubro de 1841, o homem que embarca para a Alemanha não é só um vencido que foge do seu passado, mas também um viajante que começa

([1]) Cf. os textos tão curiosos analisados em Mesnard, *op.cit.*, pp. 267 a 270.

por tomar a distância necessária para transformar a sua visão, partindo, em seguida, à descoberta da existência.

O período que se abre aqui é o mais rico de toda a vida de Kierkegaard. Confortavelmente instalado numa grande cidade estrangeira de que conhece a língua e a cultura, o emigrante voluntário agrupa à volta das suas as preocupações essenciais diversas. Seguro da realidade do seu amor e desejoso de iluminar a sua vida inteira pela fidelidade a Régine, recebe dos acontecimentos o choque necessário para proceder à efabulação requerida. A efervescência intelectual dos meios berlinenses estimula-o: do curso de Schelling que apaixona todo o escol universitário, reterá apenas a palavra REALIDADE como convite a penetrar decididamente no domínio da existência. Mas que existência estudar senão a sua própria, e como estudá-la, sem a justificar de uma certa maneira aos olhos de Régine, aos olhos de terceiros e, quem sabe, mesmo aos olhos de Deus? Porque esta análise filosófica e literária é também, antes de mais, um exame de consciência, que levará a perturbação religiosa ao ponto de crise em que se impõe uma solução.

Todas estas preocupações, todas estas possibilidades vão aparecer numa das maiores libertações que a literatura moderna conheceu. As diversas tendências concretizar-se-ão em personagens, cuja confrontação criará uma dialéctica nova em que, no clima romântico, as ideias são substituídas por tipos tão admiravelmente traçados como os que Musset ou Balzac traçou. A 6 de Março de 1842, Kierkegaard volta a Copenhaga, já disfrutando de alguma fortuna. Em 1843 aparecerão *A Alternativa*, obra fundamental, complementada por *Temor e Tremor*, e por *A repetição*; em 1844, *O Conceito de Angústia* que precede *Etapas do Caminho da Vida* (1845), obra capital que retoma e aprofunda os temas de *A Alternativa*. Todas estas obras são dominadas pela figura de Régine e resultam directamente da crise do noivado. Não deixam de definir porém uma filosofia completa, capaz de subsistir para além do acontecimento que lhe deu origem. O valor de paradoxo desta nova atitude é sublinhado, desde 1844, pelo hegelianismo de um culto opúsculo, *As Migalhas Filosóficas*, um verdadeiro compêndio do existencialismo. Como o público não o compreendeu, o filósofo voltou à carga em 1846 com uma grande obra, o *Post--scriptum final não-científico às Migalhas Filosóficas* que prova sistematicamente a necessidade de renunciar ao sistema e que, trazendo novos tipos ideológicos, novas categorias de existência, e servindo-se disso para levar cada vez mais longe a procura da realidade essencial, representa assim a expressão mais acabada e a mais filosófica do pensamento de Kierkegaard. Ter-se-á uma ideia mais exacta da fecundidade do escritor, se nos lembrarmos que na mesma época inaugurava uma outra série de obras, os *Discursos Edificantes* ([1]), em que a vocação frustrada de pastor parece desempenhar um papel análogo àquele que o noivado com Régine teve nas primeiras obras.

Apesar da crise sentimental que lhes tinha dado origem, estas obras estabelecem em Kierkegaard um certo equilíbrio, ligado à sua vida de escritor fecundo e apreciado. Vários dos seus livros têm sucesso considerável: Kierkegaard é conhecido na corte, pelos estudantes e mesmo pelo povo. A redacção dos seus numerosos volumes dá-lhe uma razão de viver, e cria saudáveis hábitos de trabalho. Se continua a levar uma existência faustosa, sobretudo no que diz respeito a despesas alimentares, encontra distracções apaziguantes nos seus passeios quotidianos através dos parques e dos velhos bairros de Copenhaga, e nas suas longas excursões de carro pelas florestas da Dinamarca. Há, portanto, de 1843 a 1846, um período feliz nesta existência trágica, e poder-se-ia esperar que a actividade criadora e as diversas satisfações que ela provoca vencessem os complexos de Kierkegaard e lhe dessem a paz de espírito.

Mas uma nova borrasca devia voltar a pôr tudo em questão. Uma polémica de imprensa, imprudentemente provocada pelo próprio autor, levou a uma série de ataques em *O Corsário* que ridicularizavam não só a doutrina, mas a pessoa física do escritor. Kierkegaard surpreende-se e escandaliza-se ao ver que os críticos

([1]) Produzirá uns cinquenta entre 1843 e 1850.

não estão do seu lado. A perda de popularidade junto do homem da rua magoa-o profundamente. Por outro lado, mostra-se ofendido com a Igreja por não o ter apoiado num combate em que pretendia representar as forças espirituais. O confronto com *O Corsário* revolve o «espinho» na carne. O casamento de Régine com Frédéric Schlegel (1847) provoca uma série de atitudes inquietantes, entre os quais uma discussão com o pai dela, o conselheiro Olsen (Julho de 1848) logo seguida da morte deste último (1849). As relações com Mynster tornam-se tensas. Kierkegaard toma cada vez mais claramente a posição de REFRACTÁRIO, e é nesta categoria que se deve situar a última parte da sua existência, que vai de 1846 a 1855.

A nova tensão psicológica tende a trazer ao primeiro plano da consciência do filósofo os estados e as noções mais trágicas: isto levá-lo-á em definitivo a valorizar a dialéctica do Desespero, analisada em 1849 em *A Doença Mortal – O Conceito do Desespero*. Mas é sobretudo no plano religioso que a evolução é mais sensível. Note-se, antes de tudo, que este plano tende cada vez mais a invadir todo o sistema, mas trata-se de uma religião pessoal áspera e desolada que não traz a paz, mas a ruptura. Isto é notório no novo tom dos discursos religiosos, tais como *O soberano sacrificador*, *O publicano*, *A pecadora* aparecidos em 1849 e nos quais se vêem claramente as preocupações pessoais de Kierkegaard. Todavia, *A Escola do Cristianismo* em 1850, sob uma apresentação mais objectiva mostra a inquietação do autor face ao desenvolvimento histórico e à confissão cristã. Manifesta-se aqui um protestantismo de crise, extremamente severo para com as religiões estabelecidas, a começar pelo luteranismo dinamarquês. A morte do bispo Mynster (1854), que imprudentes panegiristas fizeram mal em transformar em «testemunho da verdade», isto é, em apóstolo, atiça o ódio. Contra Mynster, contra Martensen, seu sucessor e louvador, contra a corrupção hegeliana da Igreja estabelecida, Kierkegaard elevará um protesto solene cujo tom aumentará progressivamente até ao panfleto. É ao distribuir os fascículos de *O Instante*, verdadeira pólvora teológica, que

Kierkegaard é abatido pela doença: é conduzido ao hospital onde morre apaziguado depois de um mês de sofrimento, tendo reencontrado caridade cristã suficiente para perdoar, se não ao irmão, pelo menos a todos os homens (11 de Novembro de 1855).

A FILOSOFIA

I – A IRONIA SOCRÁTICA COMO PONTO DE PARTIDA

A filosofia de Kierkegaard corresponde a uma vontade muito determinada de encontrar na sua vida íntima um campo de ensaio para aí experimentar os valores que a tradição ou a moda põem em circulação à sua volta. A sua primeira obra, a tese sobre *O Conceito de Ironia constantemente referido a Sócrates* (1841), manifesta já, com a maior clareza, esta tomada de posição capital. A vantagem da ironia, aos olhos de Kierkegaard é que ela implica simultaneamente uma crítica de toda a ideologia conceptual ou social e um reconhecimento longínquo do domínio da existência.

O herói da ironia não será portanto Hegel, que a despreza dando-lhe um valor dogmático, mas Sócrates, que não cessará, de princípio ao fim, não só do volume mas de toda a obra de Kierkegaard, de ser reconhecido como o precursor e o patrono da filosofia da existência. Mas trata-se, bem entendido do verdadeiro Sócrates, igualmente distante tanto do bom cidadão descrito por Xenofonte, como do profeta que vaticina através dos diálogos de Platão; de um Sócrates muito mais perto, em suma, da caricatura traçada por Aristófanes do que das estátuas erigidas pelos seus discípulos e defensores; do homem que recusa aceitar o modo de vida e as opiniões dos seus contemporâneos e que, pelas suas questões fundamentais, desmascara a artificialidade comunal e leva os seus interlocutores a inclinarem-se sobre o vazio assim criado; de um Sócrates que atinge ainda a consciência do Estado nascente: *um nada*, mas que é também *um começo absoluto*.

Também o romantismo alemão pretende herdar esta ironia socrática. Afirmando a não-substancialidade da representação, Kant abriu a porta ao idealismo de Fichte que afirma à custa de um princípio o poder criador do sujeito. Os românticos por sua vez *fichtizam* melhor que Fichte e criam assim o domínio da fantasia. Mas as suas ambições sem dúvida excessivas não parecem coroadas de êxito. As dificuldades técnicas com que chocam as produções dramáticas de Tieck, inspiradas neste ideal, denunciam a sua derrota estética. O imoralismo a que chega, na *Lucinda* de Schlegel, a tentativa de canonizar «uma existência poética» sublinha a derrota no plano prático. Por fim, os esforços laboriosos de Solger para definir uma dialéctica do espírito, cujo objectivo final seria *aniquilar o aniquilável*, realçam a incapacidade do romantismo em definir, no domínio ontológico e religioso, um outro ideal que não uma demissão panteísta da personalidade.

A conclusão é que é necessário renunciar à IRONIA EXECUTIVA para nos limitarmos à IRONIA CONTEMPLATIVA, que nos alerta também contra a falsa seriedade da vida burguesa e a falsa seriedade da especulação hegeliana e contra a falsa genialidade da existência romântica, para nos introduzir na verdadeira liberdade de espírito, nesse jardim secreto da consciência individual onde ressoa a chamada do Deus desconhecido.

A doutrina da ironia tem igualmente como efeito expulsar o *pathos* autêntico do domínio da tragédia para o reintegrar no do drama interior. Kierkegaard estudará as dificuldades deste *transfert* em *A Alternativa* («O reflexo do trágico antigo no trágico moderno»). Só o conseguirá de modo satisfatório na sua doutrina, tardia, do Humor.

II – A FILOSOFIA DOS ESTÁDIOS DE EXISTÊNCIA

A tese sobre a ironia denotava no seu autor a presença de um campo de reflexões extremamente alargado, indo das belas-artes à teologia, passando pela filosofia antiga e moderna. Revelava também uma vontade muito clara de explicitar todo este conteúdo em função dos problemas postos a uma consciência moderna, isto é, uma consciência iluminada pelo facto cristão.

A violenta crise do noivado devia dar a esta tentativa uma amplitude considerável e permitir-lhe, ao mesmo tempo, definir o seu método. No estudioso retiro de Berlim onde o seu desejo de criar uma filosofia da existência encontra encorajamento nas declarações *realistas* de Schelling, Kierkegaard procede à análise minuciosa de uma personalidade engrandecida tanto pela cultura mais avançada como pelos mais profundos complexos sentimentais. Procura justificar-se perante Régine, perante si próprio, perante Deus. Procura dar um sentido à sua experiência, um sentido bastante claro para que possa orientar o resto da sua existência segundo a direcção assim encontrada. Trata-se aqui, portanto, de uma decantação filosófica para recolher os valores que sairão intactos da experiência.

Esta análise vai exprimir-se num número importante de produções editoriais. A linguagem é romântica, o que quer dizer que o autor utiliza largamente todas as facilidades que a época põe à sua disposição. Reflexões heterogéneas com mudança de tom, mesmo de género literário, no interior de uma obra, confissões reais ou supostas ao abrigo de um pseudónimo, ensaios filosóficos centrados em tal ou tal noção existencial (a angústia, a repetição), crítica de autores ou obras, galeria de retratos, explicação de sonhos ou de neuroses: a quantidade e a diversidade do material utilizado garantem com toda a evidência uma certa originalidade literária.

Todavia, a filosofia é mais exigente. Qualquer que seja o modo de expressão ou o tom que tenha escolhido, ela reclama ideias e entre estas ideias uma certa articulação dialéctica. Não basta debitar um conteúdo de consciência para se assumir como filosofia existencialista. É também necessário que este conteúdo se organize de modo a definir com a maior precisão tipos de existência procurando uns e outros coeficientes de valor. Uma filosofia da existência será tanto mais conseguida quanto mais tenha definido tipos fundamentais e tenha permitido estarelecer entre eles uma ordem de comparação, de preferência, ou de evolução vital. É o que Kierkegaard não se cansará de defender cada vez mais claramente ao longo das suas sucessivas publicações. Os estádios de existência correspondiam de início unicamente às diversas possibilidades que o punham em presença de uma escolha trágica: à medida que avança mais na existência será cada vez mais sensível às relações que estes planos de vida tem uns com os outros. Desde então não se tratará mais de se situar num ou noutro plano, excluindo todos os outros, mas de se render às razões superiores que nos empurram para mais longe, provocando nos instantes de crise o salto decisivo que nos faz passar do estádio estético ao estádio moral e deste ao plano religioso (ou aos estádios sucessivos de que se compõe esta realidade particularmente dialéctica).

1) O estádio estético

A primeira realidade humana que Kierkegaard encontra caracteriza-se pelo estádio estético. Este plano de vida corresponde de facto aos valores do romantismo que então se impõe aos contemporâneos, e em particular à existência de *dandy* que foi, não o esqueçamos, a primeira experiência do nosso filósofo e que não desaparece nunca do seu comportamento.

Este plano estético poderia parecer fácil de definir pela satisfação da sensibilidade e de ilustrar com os traços de Alcibíades, campeão da fruição imediata, oferecido à crítica (e ao amor) do ironista Sócrates. O primeiro estádio seria então definido tanto no seu princípio como na sua atitude vital.

Mas uma análise mais aprofundada mostra as insuficiências desta primeira aproximação. Quem diz sensibilidade diz precisamente diversidade, e para além de Alcibíades muitos outros pretendentes poderiam passar por exprimir este valor de mil possibilidades, desde a criança que o pássaro azul introduz no mundo dos sonhos, até um Aladino empenhado na perseguição dos bens materiais. Observando mais de perto, a análise consegue encontrar em todos estes heróis estéticos um elemento comum de carácter, a saber, o DESEJO. E este desejo exprime com toda a clareza a sua ambição totalitária sob a forma do desejo erótico particularmente bem compreendida pelos filósofos gregos e pelos poetas românticos.

Decididamente é à obra de Mozart que Kierkegaard recorre para nos fazer compreender o poder do erotismo e a sua aptidão para organizar a existência. Tanto o pajem de *Fígaro*, como o pastor de *A Flauta Mágica* exprimem ainda apenas as suas possibilidades ideais. Mas a figura de *Don Juan* traduz pelo contrário a força irresistível de uma paixão que, não contente com invadir toda a consciência do herói, agita com o seu dinanismo impetuoso toda a corte de personagens secundárias que fixa, por assim dizer, ao longo das suas linhas de força. A música de *Don Juan*, que sublinha o triunfo desta terrível sedução, traduz de maneira adequada as ambições e a vitória da existência estética.

Mas à medida que se afastam no coração de Kierkegaard a esperança de um donjuanismo pessoal e a possibilidade de uma vida erótica normal, a crítica do estádio estético não pára de se manifestar. Ao nível da sua segunda grande obra, *Etapas do Caminho da Vida*, esta crítica exprimir-se-á sob a forma de um diálogo, *O Banquete*, onde os diversos interlocutores se esforçam por depreciar as pretensões excessivas do erotismo estético. A crítica mais hábil incidirá sobre o objectivo real perseguido pelo erótico: a paixão amorosa coloca o todo do homem numa relação ridícula com esse ser fantasioso e desprovido de interesse real que se chama mulher, e suprime ao mesmo tempo o que constituía o próprio valor da atitude estética, a actividade do pensamento.

Será então necessário retocar o erotismo de modo a retirar-lhe este aspecto de satisfação material e quantitativa que revelava a lista, tão desagradável, das inumeráveis vítimas de *Don Juan* – *mil e três... mil e três!* – e ver na sedução apenas uma arte particularmente distinta, em que o homem se propõe unicamente revelar a mulher a si própria, sem cair na armadilha da possessão carnal. *Tentar uma jovem e atraí-la a si sem a preocupação de a seduzir*, tal é programa de vida que o *dandy* Johannes expõe de novo em *O Banquete*, depois de ter contado a experiência em *O Diário de um Sedutor*.

Mas se esta concepção de existência pode reter a atenção de um esteta decadente encurralado pelo aborrecimento e pelo «mal do século», está longe de fornecer à vítima uma vantagem semelhante. Independentemente do tipo a que pertença, a sedução apenas traz à mulher a instabilidade e a infelicidade. É já este o caso das três heroínas que Kierkegaard nos descreve como «as noivas do sofrimento»: Marie Beaumarchais a quem a partida de Clavigo aniquila; Elvira devotada toda a sua vida à execração amorosa de *Don Juan*, e a Margarida de *Fausto* cuja inocência enganada redundou em loucura. É igualmente verdade para a vítima virtual de Johannes, o sedutor, essa Cordélia veemente cujos remorsos não impedem a maldição.

Entre os diversos aspectos abordados por este estudo, o absoluto selvagem do desejo, o vazio do dandismo ocidental, e a realidade do sofrimento erótico, o plano estético foi-se esbatendo, pouco a pouco. Chegamos a perguntar-nos no fim da análise, se de todos estes indivíduos virados para a procura de prazer, o mais feliz não será aquele que passa por mais infeliz: o solitário que não viveu realmente e cuja existência reduzida à projecção destas diversas possibilidades adquire pelo menos o valor de um mito poético.

2) O estádio moral ou ético

Se era penoso definir um estádio estético disperso numa imensidade de possibilidades divergentes, é pelo contrário muito fácil caracterizar o estádio ético, visto que se trata *a priori* de um saber unitário e de uma vida coerente governada por normas morais. Mas a medalha tem o seu reverso, pois uma vez marcado este plano não há qualquer outro meio de o ilustrar por um exemplo tão clássico como o de *Don Juan*. Felizmente Kierkegaard nunca é apanhado de surpresa e, quando quase desesperamos de encontrar na nossa galeria de rostos o herói deste plano moral, ele responde-nos em *A Alternativa* que será o HERÓI DA VIDA CONJUGAL e dá-nos desta vez uma criação original: o conselheiro Wielhem que defende a sua própria causa, a do casamento feliz, num eloquente discurso.

À tese do conselheiro Wielhem não faltam, aliás, nem mordacidade nem originalidade. Entre a teoria do amor romântico, caracterizada pela paixão, e a teoria de um acordo económico e social em que a realidade fisiológica (porém ignorada pela jovem) deve forçosamente trazer o amor consigo, Kierkegaard traça a efígie do amor cristão, dádiva generosa de duas pessoas que reconheceram perante Deus a sua predisposição recíproca. Içada a este nível, a defesa do casamento confunde-se indissoluvelmente com a exaltação do amor. A vida conjugal, digna deste nome, não poderá ser senão a vontade de guardar para o primeiro amor toda a graça da Primavera no momento mesmo em que se provam os frutos saborosos do Outono. Assim entendido, o casamento é essencialmente uma escolha perante Deus, em que cada um se escolhe a si mesmo na escolha do outro esposo: o casamento introduz assim a vida real, põe lastro na personalidade enfim consciente da seriedade da ética, permite ao homem moral construir o seu destino lutando doravante *pro aris et focis* (pelos altares e pelos lares).

Mas este admirável elogio do casamento empreendido em *A Alternativa* confronta-se com objecções de facto que *As Etapas do Caminho da Vida* divulgam. Tal como no plano estético provêm em grande arte da presença da mulher, esse ser caprichoso que é tão difícil de fixar numa relação definida. Dificuldade que atinge aqui o paroxismo se é verdade, como nos diz Kierkegaard, que a mulher se situa ela própria no plano da estética e só se revela plenamente no plano religioso. Neste caso não deixa de ser arriscado transportar para a realidade conjugal o encanto picante das jovens; mas não aparece como mais fácil para o homem adulto contemplar sobre esta terra, ainda que em sentido numenal, a beleza da sua própria viúva. Pelo menos é necessário, para que uma relação funcione bem, que o homem aceite, no que lhe diz respeito, o heroísmo moral da vida quotidiana, único meio de desviar a sua esposa de oscilações demasiado perigosas entre fruição estética e a renúncia religiosa.

Ora uma tal tarefa pede evidentemente uma vocação positiva. O casamento não poderia passar, segundo o desejo do assessor Wilhelm, por uma solução geral. É necessário reservar ao lado do caso típico a possibilidade de soluções excepcionais, e é bem evidente que aquele que renuncia à vida conjugal para responder ao apelo do génio religioso, «comprando pelo mais alto preço a vida mais penosa», atinge um plano de existência superior à do marido mais perfeito.

O crepúsculo do casamento arrasta evidentemente o de toda a moralidade. Esta só define a universalidade que crê atingir a um nível ainda bastante abstracto. A grande dificuldade que a maioria das mulheres sente em compreender a seriedade da ética e a necessidade de reservar para os homens tipos de vida particulares fora do casamento, tudo isto prova definitivamente que a orientação fundamental da existência se joga na consciência individual, e manifesta a irresistível influência de Deus sobre as escolhas consideradas livres. A grandeza do herói conjugal avalia-se pela vitória que ele alcança sobre o tempo, mas é necessária a ajuda de Deus para introduzir, por caminhos sempre inéditos, a pessoa humana na eternidade.

3) O estádio religioso

Que a religião tenha sempre constituído para Kierkegaard um plano privilegiado de reflexão e existência, ninguém contestou nunca. Introduzido desde a sua infância num meio religioso, desde a prática até à reflexão, destinado desde cedo à carreira eclesiástica, Kierkegaard desenvolve simultaneamente a sua personalidade à volta desse misterioso complexo devido ao pecado paterno e às suas diversas repercussões no seio da sua própria consciência.

Assim, somos precocemente introduzidos nas duas realidades de que se compõe a religião pessoal do nosso autor: por um lado, a revelação cristã com os seus dogmas e os seus paradoxos próprios; por outro, a tensão psicológica com que uma família abalada recebe este credo colectivo no meio da angústia, do temor e do tremor.

Quando a vocação literária de Kierkegaard se torna clara, a importância desta orientação espiritual torna-se desde logo manifesta. Ele próprio o lembrará em *Ponto de Vista Explicativo da Minha Obra de Escritor,* que elabora em 1848: «*O autor foi e é um autor religioso*». Mas isto podia entender-se em relação às duas componentes que acabam de assinalar-se. O plano «cristão geral» é aliás bastante bem ilustrado pela longa série de *Discursos Edificantes* que provêm evidentemente da mesma fonte que os outros, mas cuja objectividade é garantida simultaneamente pelo género literário de uma homilia destinada ao grande público e pela assinatura de um autor que os assume sem reticências. O facto de as outras obras religiosas serem pelo contrário pseudónimos prova bem que aí se reencontram a confissão disfarçada e o existencialismo dialéctico dos estádios precedentes. É pela sua relação com a estética e a ética que se desvenda este novo plano da realidade; relação muito delicada que o autor se esforça por esclarecer e explicitar claramente.

Temor e Tremor, é talvez, pensando bem, a melhor introdução ao plano religioso. Escrito em 1842 e publicado em 1843, ele corresponde a um momento de optimismo relativo, em que Kierkegaard entrevê a possibilidade de renovar o noivado desfeito: daí essa estratégia sábia que consiste em tentar disfarçar uma insuficiência ética com um aumento de potencial espiritual. O objectivo essencial da obra é mostrar, através da história do sacrifício de Abraão, que o plano moral não é um absoluto. Não só se apaga perante a aparição de imperativos religiosos contrários às suas próprias exigências, como após a sua intervenção pode ressuscitar com o rosto embelezado da benevolência celeste. Assim, para obedecer às ordens de Jeová, Abraão não hesitou em sacrificar Isaac; mas, exactamente por causa deste sacrifício Isaac foi-lhe restituído. Poderia um sacrifício semelhante restituir a Kierkegaard a noiva que ele tinha perdido? Mas esta hipótese implica que Kierkegaard se tenha elevado ao plano da Fé de que o grande patriarca é o guardião e o herói, tal como Sócrates o era da Ironia ([1]).

a) *Idealidade do estádio religioso*

O leitor moderno, que tomou conhecimento da existência dos três estádios, admira-se de não encontrar o plano religioso em *A Alternativa*. De facto o plano religioso não figura aqui expressamente: deve mesmo reconhecer-se que na grande síntese de *Etapas do Caminho da Vida* ele está longe de ser tratado com a mesma abundância e a mesma clareza que nos outros dois. Mas esta impressão é talvez devida ao gosto abusivo da simetria e ao desconhecimento do carácter particular de cada um dos três tipos de vida analisados pelo autor. O estético é possessivo e prolífero em si mesmo: é o imediato com as suas finalidades diversas e incompatíveis. O ético é reconhecível massivamente pela organização material da existência segundo as normas universais da moral. Mas o religioso é o apelo à subjectividade profunda, a devoção ao Deus escolhido, e o silêncio que daí advem. Este segredo, este silêncio, se impedem absolutamente de reconhecer o religioso pelas suas vestes ou pela sua música, não deixam de corresponder a uma realidade, a mais alta, a mais rica, a mais dinâmica, *que comanda toda a dialéctica da existência.*

O estádio estético e o estádio ético podem perfeitamente ocupar a cena a dois, pois são verdadeiramente estádios ou *tipos de vida* apenas graças à existência do terceiro. É porque o religioso nos dá o sentido da finalidade e da forma que somos capazes de descobrir na origem da estética a acção deste *desejo* tenaz que procura infatigavelmente uma saída satisfatória neste estádio que

([1]) Esta questão é tratada com a amplitude desejável no capítulo intitulado: «Kierkegaard e a utilização da figura existencial de Abraão» na recolha colectiva dos *Cahiers Sioniens*: *Abraham père des Croyants*, paris, Éditions du Cerf, 1952.

não a permite. É porque o religioso nos dá o sentido do esforço espiritual que concebemos esta «seriedade da ética» pela qual a vida moral conquista uma certa espessura e realização. Desde agora é ele que permite as confrontações e que começa por exigir A ESCOLHA, antes de balizar a estrada do PROGRESSO com todas estas etapas sucessivas que se descobrirão progressivamente, tal como os cumes secundários guiam o alpinista para o cume longínquo que encobrem, mas para o qual não cessam de conduzir o seu passo decidido.

Mas toda a ordem de realidade superior se manifesta em primeiro lugar pela desordem que traz às realidades subalternas já existentes. É exactamente assim que o plano religioso faz a sua aparição em *Etapas do Caminho da Vida* no decorrer de um ensaio intitulado *Culpado? Não Culpado*? que não deixa de ter um certo parentesco de fundo com *Temor e Tremor*. O passo mais importante é constituído pela confissão de F. Taciturno. Uma explicação psicanalítica ([1]) deste passo mostra como aí se tenta liquidar com uma interpretação cristã o complexo essencial da personalidade de Kierkegaard. A história dolorosa do pecado paterno e das suas consequências, a história lamentável dos amores com Régine levam definitivamente, após desabafos ricos em efabulações de todas as espécies, a uma nova concepção de «o espinho na carne». Kierkegaard, seguindo Pascal, define aí a doença como a condição habitual do cristão e esforça-se por escolher, entre as várias vocações que se lhe apresentam, a vida mais difícil: a do solitário, a do recolhimento religioso, sob o olhar peculiar de Deus.

([1]) Sobre a necessidade absoluta de aplicar a psicanálise a toda a filosofia da existência consultar-se-á *Le vrai visage de Kierkegaard, Introduction*, em particular pp. 33 a 38. Poder-se-á seguir a aplicação do método à psicanálise de F. Taciturno, com a riqueza inaudita dos seus sonhos, dos seus mitos e dos seus complexos neuróticos, no mesmo volume, pp. 263 a 284.

b) ***Realidade do estádio religioso: sofrimento e subjectividade***

O conteúdo desta experiência, o pretexto para esta decisão, só apareceriam plenamente a Kierkegaard nas duas crises seguintes, as de 1846 e 1854. A polémica com *O Corsário* revelou a Kierkegaard a descristianização do mundo moderno. Poder dos adversários oficiais da Igreja, mas também culpa lamentável desta, cujos pastores e bispos recebem promoções e são agraciados com cruzes enquanto o filósofo luta sozinho com o coração dilacerado e sob as risadas do povo. Este tema da solidão no sofrimento vai tornar-se o centro da meditação kierkegaardiana. No plano individual ele desenvolve o sentido da subjectividade e da existência interior; no plano religioso introduz um cristianismo doloroso que ultrapassa muito depressa os valores do luteranismo oficial.

A luta contra o hegelianismo vai aliás permitir a Kierkegaard definir a sua doutrina. Hegel surge, com as pretensões próprias à sua especulação pedantesca, como a finalização de um erro fundamental, cometido pelo romantismo que só considera o cristianismo sob o seu aspecto histórico: se se embalsama é para o depositar na cripta das múmias e para poder passar além. Kierkegaard trouxe notavelmente à luz do dia a imbecilidade fundamental de toda a atitude «modernista» ou «progressista» em matéria de religião: não há compatibilidade possível entre o cristianismo e filosofias como o hegelianismo ou o marxismo, visto que estas filosofias consideram o cristianismo como um momento da história que se deve ultrapassar.

Contra as pretensões negativas e positivas do sistema, Kierkegaard contentara-se inicialmente em publicar *Migalhas Filosóficas* em que se limitava a afirmar, em face de uma especulação abstracta, os direitos imprescritíveis de uma consciência religiosa existente. A incompreensão do público forçou-o a escrever o *Post-scriptum,* uma verdadeira súmula anti-hegeliana em que o plano religioso descobria enfim a sua verdadeira importância. Depois de um alerta no qual a sua ironia vigorosa mostrava a insuficiência de uma religião puramente social, Kierkegaard lançava-se ao ataque.

c) *Imanência e transcendência*

O cristianismo não pertence ao domínio da objectividade mas sim ao da subjectividade. O primeiro problema que se põe a todo o homem desejoso de se tornar realmente cristão, é descobrir o que o filósofo chama *o religioso A*, quer dizer, a religião da imanência e não receia – para aí nos introduzir – fazer apelo a homens tão pouco ortodoxos como Sócrates entre os Gregos, Lessing, Hamann e Jacobi entre os modernos, pensadores cujo interesse reside em terem posto interrogações sinceras e terem assim reconduzido o problema ao verdadeiro ponto de partida.

Mas as exigências cristãs descobrem então a existência daquilo a que o filósofo chama *o religioso B*, ou seja, o domínio da transcendência. Pela via estreita do *tormento religioso*, homólogo superior da ironia socrática ou da dúvida metódica, somos então introduzidos no domínio da Fé. Ela manifesta-se nos mais diversos planos, pelo desencadear das piores tempestades. No que diz respeito à vida interior, é a prova da noite dos sentidos, em que o indivíduo deverá renunciar a ele próprio. No que diz respeito à vida social, é o estabelecimento de uma relação polémica com o mundo, que fará passar o cristão por adversário do cesarismo, e mesmo por inimigo do género humano.

Então aparecerá o sofrimento sob todas as suas formas, e a intimidade com Cristo, longe de o diminuir, levá-lo-á ao expoente máximo. Isto é de tal modo verdade, como o mostrará *A Doença Mortal*, que o desespero trágico continua a ser uma via de acesso à religião autêntica. Mas o cristão sofredor com Cristo acabará por aceitar a amargura insondável da Cruz e por compreender o verdadeiro sentido da promessa: «o meu jugo é doce e o meu fardo ligeiro».

Kierkegaard não cessará de lembrar o programa exigente deste cristianismo de crise face a todas as capitulações da Igreja estabelecida. Já visível em *A Escola do Cristianismo* (1850), esta oposição irreconciliável levá-lo-á às apóstrofes vibrantes de *O Instante* e à atitude de ruptura que porá o ponto final à sua existência temporal.

III – O HUMOR COMO PONTO DE CHEGADA

Mas, a um espírito reflectido, esta morte não surge na lógica de uma doutrina que sempre protestou contra a acção exterior em matéria de religião e que só aos santos autênticos reconhecia o direito de testemunhar a favor da verdade ([1]). Kierkegaard não é portanto um mártir, mas um cristão magoado que não pôde nunca conciliar, no seu coração, ou na sua acção, os dois valores em que tinha justamente definido o essencial da sua religião: Cristo como dádiva e Cristo como modelo. Incapaz de realizar pela santidade a imitação de Jesus Cristo, ideal da sua concepção religiosa, mas desejoso de não enganar o próximo e de não se enganar a si mesmo por uma prática exterior superior à sua pressão espiritual, inventou a curiosa doutrina do incógnito do religioso e criou entre os estádios ético e religioso a realidade intermediária do HUMOR ([2]), que permite rigorosamente salvaguardar este incógnito.

É decididamente esta realidade equívoca do humor que permite melhor compreender a natureza exacta da tentativa de Kierkegaard e apreciar o seu êxito. Note-se a propósito que a filosofia da existência implica por definição um pacto original com a derrota. Quem obtém êxito no plano estético chama-se Sófocles ou Mozart: não filosofa, cria a obra-prima imortal. A norma habitual do sucesso religioso, a saber, a santidade, ri-se de qualquer justificação conceptual ou existencial: basta um apelo, e a própria resposta se perde no seio de Deus. Mas aquele que foi um *Don Juan* apenas em ideia, aquele que não pôde desposar Régine, ou mesmo encarnar sob os traços de um vigário de periferia o seu ideal evangélico, esse está por definição aberto, pela sua tripla derrota, à avaliação das possibilidades abortadas. Seria necessário ser-se muito farisaico para o remeter sem piedade para um ou outro desses planos em

([1]) Cf. em particular *o Direito de Morrer pela verdade: o génio e o apóstolo* discurso edificante publicado em 1847.

([2]) Analisámos longamente esta categoria existencial em *Le vrai visage de Kierkegaard*, pp. 23, 97, 176, 316, 423 a 442, 462 e 463.

que a sua análise esclarecida não deixa de pôr em evidência aspectos ignorados.

Porque para atingir nestas condições a sinceridade perfeita, a avaliação leal dos valores incertos, é necessário um singular heroísmo de juízo. É necessária também uma simpatia generosa bastante próxima da caridade para que o filósofo da existência tenha podido baptizar-se, com uma modéstia meritória, «o poeta do religioso».

EXTRACTOS

A) A IRONIA

CATEGORIA DIALÉCTICA LIMINAR

1) A ironia socrática. Esvaziando o sistema de Hegel a ironia socrática abre caminho a uma filosofia cristã da existência

Sócrates, Sócrates, Sócrates! É necessário invocar-te três vezes. e eu fá-lo-ia até dez se fosse necessário. O mundo teria muita necessidade, dizem-nos, de uma república, de uma nova ordem social, mesmo de uma nova religião; mas ninguém pensa que aquilo de que o mundo precisa, na confusão em que o lançou tanta ciência, é precisamente de um Sócrates! Aliás se alguém se lembrasse disso e sobretudo se alguém lhe desse crédito isso provaria que se tinha menos necessidade dele. A necessidade mais premente para uma época que se desorienta, é sempre aquela de que ela tem menos consciência, e isso é perfeitamente natural, pois de outro modo ela não estaria desorientada.

Seria portanto necessária à nossa época uma lição de ética e ironia, e esta é talvez a sua única necessidade, porque consta que é a última das suas preocupações. Em vez de exceder Sócrates lucraríamos já muito se reencontrássemos o seu ponto de vista, se soubéssemos o que há a compreender e o compreendêssemos voltando a ele não como uma conclusão definitiva surgida para a salvação da nossa pior miséria (porque isso suprimiria toda a distinção entre os dois modos de compreender), mas como uma visão moral que regulamentasse a nossa vida quotidiana.

A posição socrática define-se pelo seguinte exemplo: quando um homem não faz o que é justo é porque não o compreendeu; se pensa de outro modo, é pura ilusão; se afirma que compreendeu engana-se; se se reiteram as suas afirmações, é a prova de que está a cem léguas de compreender. Vemos portanto que Sócrates tem razão. Porque se um homem realiza um acto justo, certamente que não peca, e se não o realiza é porque não o compreendeu: porque o verdadeiro conhecimento do justo empurrá-lo-ia rapidamente a fazê-lo, e toda a sua conduta seria disso eco. Por conseguinte o pecado é apenas ignorância.

Mas onde encontrar então o princípio do erro? Sócrates não esteve longe de o descobrir e de lhe dar remédio: é que não há determinação dialéctica para passar da compreensão dialéctica de uma coisa à sua realização. Ora é precisamente nesta passagem que surge a doutrina cristã: metendo-se por esta via choca com o pecado, apreende-o na vontade, para chegar ao conceito de desafio, e para ir até à raiz faz intervir o dogma do pecado original – porque infelizmente o segredo da especulação na sua tapeçaria de conceitos consiste justamente em coser sem nunca encontrar o fim, sem nunca chegar a dar o nó no fio; e eis como, oh maravilha, consegue coser indefinidamente, quer dizer, faz passar a agulha tão longamente quanto lhe aprouver. Mas o cristianismo, pelo contrário, dá o nó final graças ao paradoxo.

Na filosofia das ideias puras, onde não há o obstáculo do indivíduo concreto, esta passagem é necessária (aliás no sistema hegeliano tudo obedece à necessidade); não há qualquer dificuldade em passar da compreensão de uma coisa à sua realização. É o ponto de vista dos Gregos, à excepção de Sócrates, porque ele é demasiado moralista para isso. E está aqui, pode dizer-se, todo o segredo da filosofia moderna, inteiramente contido no *Cogito ergo sum,* na identidade do pensamento com o ser, enquanto o cristianismo proclama: *ser-te-á dado segundo a tua fé* e estabelece a identidade entre o ser e a fé. Descobre-se portanto aqui que a filosofia moderna não é nem mais nem menos que paganismo. E isto ainda não seria o pior, porque não seria assim tão mau tratar familiarmente Sócrates. Mas na verdade o que é nela todo o contrário de socratismo, é tomar e fazer-vos tomar esta escamoteação por cristianismo.

(*A Doença Mortal*, II Parte, A,
«A definição socrática do pecado»)

2) A ironia contemplativa situa-se entre a dúvida e a meditação

Mas a ironia possui, além disso, um aspecto teórico ou *contemplativo*. Mesmo que continuemos a considerá-la como um momento preliminar, ela continua certamente a ser o olhar mais seguro que podemos deitar sobre as contradições, os absurdos e as vaidades da existência. Na medida em que atinge todo este lado da realidade, alguns seriam levados a confundi-la com a *troça*, a *sátira* ou o *escárnio*. E de facto assemelha-se-lhes quando se limita a aperceber-se da vaidade, mas afasta-se delas no momento em que dá conta da sua observação, porque ela não visa suprimir esta vaidade, não se confunde com uma justiça capaz de aplicar a um vício revelado o seu castigo; também não propõe, como o cómico, um meio de conciliação; bem pelo contrário reforça o que é vão na vaidade e torna o insensato ainda mais absurdo. O que se poderia chamar a intenção da ironia consiste portanto em tornar mediatos os elementos individuais não numa unidade superior, mas, pelo contrário, num absurdo superior.

Consideremos agora a ironia no momento em que se volta para a totalidade da existência, e vê-la-emos de novo afirmar a antítese entre o ser e o fenómeno, entre a interioridade e a exterioridade. Na medida em que ela representa a absoluta negatividade poder-se-ia ser tentado a identificá-la com a dúvida. Mas devemo-nos lembrar, primeiro, de que a dúvida é apenas uma categoria conceptual, ao passo que a ironia é um comportamento interior da *subjectividade*; a seguir, de que a ironia é essencialmente *prática* e de que comporta um momento teórico apenas para voltar a cair sobre o plano prático: por outras palavras que a ironia não se preocupa com o objecto mas sim com a sua definição. Se portanto a subjectividade chega a descobrir que por detrás do fenómeno se deve esconder qualquer coisa que já não é dada no fenómeno, a atitude própria da ironia será manter no sujeito o sentimento da sua liberdade, de tal modo que o fenómeno continua desprovido de realidade aos olhos do sujeito. Este movimento é portanto inteiramente oposto ao da dúvida. De facto, na dúvida, o sujeito não cessa de se esforçar por penetrar no objecto, e o seu infortúnio advém de facto de o objecto não parar de se escapulir à sua frente. Na ironia, pelo contrário, o sujeito não cessa de querer libertar-se do objecto, e este esforço vai pelo menos dar-lhe a cada momento a consciência da sua própria subjectividade e o sentimento de que o objecto não possui qualquer realidade. Na dúvida o sujeito assiste a uma manobra ofensiva que não cessa de abater os fenómenos um após outro, na esperança de desmascarar o ser que se obstina em encobrir por detrás deles. Na ironia, pelo contrário, não cessa de bater em retirada, contestando em cada fenómeno a sua realidade própria, a fim de se salvar a si mesmo, quer dizer, de se conservar totalmente num estado de independência negativa.

Enfim, na medida em que, depois de ter tomado consciência de facto de que a existência objectiva não tem qualquer realidade, chega a exprimir esta proposição como um sentimento religioso, poder-se-ia ser tentado a considerá-la como uma espécie de meditação. É de facto pela meditação que as realidades deste vale de lágrimas (quer dizer, o sistema das circunstâncias, das relações mundiais) perdem, por assim dizer o seu valor: mas as coisas só chegam a este ponto se, no mesmo instante, as relações verdadeiras estabelecidas pelo próprio Deus fizeram valer os seus direitos absolutos. A meditação piedosa declara aliás que tudo é vaidade, mas somente na medida em que esta atitude negativa permite afastar da alma todos os elementos de perturbação e introduzir na cena da consciência Aquele que existe para toda a eternidade. Acrescentemos que quando a alma, no decorrer da sua meditação piedosa, declara que tudo é vaidade, não se exclui a si própria do campo desta proposição: ela não constitui uma excepção privilegiada, pelo contrário, é necessário que participe nesse aniquilamento universal para que o Divino não seja repelido pela sua oposição, e sim que possa expandir-se livremente no coração aberto por esta meditação. É assim que nos escritos espirituais mais profundos o espírito religioso chega a considerar a sua própria personalidade concluída como a mais miserável das coisas.

No plano da ironia, pelo contrário, a proclamação da vaidade universal implica a libertação da subjectividade. Quanto mais o mundo se torna vaidade, mais a subjectividade se alivia, mais se desembaraça do seu conteúdo, mais reconquista a liberdade dos seus movimentos. E enquanto tudo soçobra na vaidade, o sujeito irónico *salva-se a si próprio* desta vaidade universal, tornando independente a sua própria vaidade. E eu considero que aos olhos da ironia tudo é nada, mas este termo pode entender-se de muitas maneiras. O nada especulativo é o desfalecimento, a cada instante, do mundo concreto, cujo aniquilamento define para falar claro o seu *nisus formativus*. Mas o nada místico, se é nada verdadeiro aos olhos da representação, é um destes nadas ricos de conteúdo, como o silêncio da noite, na condição de se ter ouvidos para o ouvir. Quanto ao nada da ironia, é o silêncio da morte através do qual a ironia persegue o que chamaríamos, com toda a ambiguidade do termo, a sua dança macabra.

(O *Conceito de Ironia,* II Parte, «Considerações preliminares»)

3) Crítica para-hegeliana da ironia socrática

Vê-se, portanto, que esta ironia não estava ao serviço do espírito universal. Não era, de facto, um momento da realidade dada que devia ser negado e recalcado por um momento novo: era *toda a realidade histórica* que se encontrava aniquilada para dar lugar a uma realidade espontânea. Também não era a subjectividade primeira, pois a subjectividade estava já dada com as relações do mundo, era uma subjectividade exaltada, *uma subjectividade elevada à segunda potência.* Vê-se ao mesmo tempo a que ponto essa ironia era injustificada e como a atitude de Hegel em relação a ela era perfeitamente normal.

A ironia (e quando emprego em toda esta análise os termos *ironia* ou *ironista* poderia também dizer o *espírito romântico* ou *o romântico*: as duas expressões designam de facto a mesma realidade, mas uma reenvia-nos mais ao nome de baptismo que o movimento se dava a si próprio, e a outra ao que Hegel lhe havia imposto), a ironia definia-se então como essa potência perante a qual nada tinha consistência, que triunfava sobre toda a existência, mas que aparecia, em contrapartida, como capaz de realizar qualquer coisa. Se chamava qualquer coisa à existência, não esquecia que conservava o poder de a aniquilar e pensava nisso no preciso momento em que a chamava à existência. Se ela estabelecia alguma coisa, sabia bem que ficava inteiramente livre de a anular, e sabia-o no próprio momento em que a estabelecia. Em geral estava, portanto, plenamente consciente de *possuir este poder absoluto de ligar e desligar*. Ela reinava como dona e senhora tanto sobre a ideia como sobre o fenómeno, e destruía-os a um com o outro. Destruía o fenómeno mostrando que ele não correspondia à ideia, destruía a ideia mostrando que ela não correspondia ao fenómeno: e não se podia encontrar nada a censurar às duas partes da demonstração, visto que a ideia e o fenómeno apenas existem na sua relação recíproca. E no meio de todos estes exercícios, a ironia prosseguia a sua vida indiferente, pois o sujeito tinha suficientes recursos humanos para fazer face a tudo isto. Agir de outro modo não seria querer medir-se com Alá? E quem então subsiste ao olhar de Deus?

Mas a realidade (refiro-me à realidade histórica) tem duas *maneiras de entrar em relação com* o sujeito: quer como *um dado incontestável*, quer como *um dever* que tem de ser cumprido. O mal-entendido que a ironia mantém com a realidade é claramente visível no facto de a atitude irónica ser essencialmente crítica. O seu filósofo (Schlegel) é criticista, tal como o seu poeta (Tieck). E eis como se chegou à nossa época, depois de se ter interpretado o sétimo dia de tantas maneiras diferentes, a ponto de já não ser considerado como um repouso necessário no decorrer da acção histórica, mas como o momento da crítica. Ora a crítica exclui a simpatia universal, de tal modo que se chega no fim de contas a um ponto de vista hipercrítico para o qual não existe nem dado objectivo nem inocência aos olhos de uma polícia desconfiada. Ninguém se limitava apenas a criticar os velhos clássicos, nem mesmo como o velho Kant, a criticar o conhecimento; levava-se a crítica até à realidade. E eu admito que a realidade apresenta muitos elementos susceptíveis de crítica, que é possível que o mal (sob a forma de preguiça e de peso que Fichte lhe deu) ganhe por momentos e que a sua *vis inertiae* possa reclamar uma correcção necessária; por outras palavras, que neste mundo seja possível encontrar numerosas partes más que deveriam ser amputadas (precisamente porque o mal não tem realidade) sem que ninguém se sentisse por isso na obrigação de submeter o universo inteiro a uma crítica radical. Ora bastará recordar que Schlegel manifestou esta espécie de crítica, e de igual modo Tieck, como concordarão se não se pretender negar (contra toda a evidência) a que ponto o seu teatro reflecte este espírito de polémica em relação ao mundo criado. A coisa é tão essencial que ele apenas pode ser compreendido por um indivíduo decidido à polémica, circunstância que aliás não lhe permitiu conhecer junto do grande público todo o êxito que a genialidade da sua obra teria merecido.

Ora quando eu dizia há pouco que a realidade se manifesta primeiro como um dado, isso exprimia a relação do indivíduo com um passado. Este passado pretende então ter um valor aos olhos do indivíduo, e este não deve negligenciá-lo e ainda menos ignorá-lo sistematicamente. Pelo contrário, a ironia não reconhece nenhum verdadeiro passado. Isto acontece porque ela tem consciência das suas origens metafísicas. Não trocou ela por um EU eterno o seu EU temporal? Desde então, visto que o EU eterno não conhece passado, o EU temporal também não o terá. Porque se a ironia empurra a boa-fé até querer reconhecer um passado, este passado por sua vez deve pôr nisso suficientemente de seu para que a ironia guarde para com ele a sua inteira liberdade de movimentos e possa prosseguir em paz o curso dos seus exercícios. Também concede a maior protecção ao lado mítico da história, lendas ou aventuras.

Em contrapartida, quanto à história propriamente dita, na qual o indivíduo verdadeiro exerce a sua liberdade positiva, porque recebe as suas premissas no seio desta realidade concreta, a ironia entende por bem abstrair-se dela. Comporta-se nesses casos como Hércules em face do gigante Anteu, que não podia vencer de tal modo ele estava ligado à terra: então, Hércules, arranca Anteu da terra e vence-o graças a este estratagema. A ironia age da mesma maneira com a realidade histórica. Num abrir e fechar de olhos a história descola do real para se tomar poesia, mito ou lenda, e então a ironia cobre completamente toda a sua liberdade de acção. Ei-la portanto de novo a engendrar à sua maneira os universos fabulosos em que tem ampla liberdade: são particularmente a história grega e a da Idade Média que a justificam. Mas não se consome por isso em reconstituições objectivas; o que ela evoca é ao mesmo tempo *Poesia* e *Verdade*. É assim que põe a sua tenda na Grécia, sob o belo céu da Ática, perdida na fruição presente do helenismo harmonioso: e desabrochou aí tão bem que encontrou o seu ambiente natural. Mas assim que se começava a enfastiar, bastava-lhe um sinal para que o gracioso *décor* evocado pela sua fantasia desaparecesse num abrir e fechar de olhos. O helenismo de facto não tinha aos olhos da ironia qualquer valor intrínseco como momento de história universal, o que não a impedia de lhe reconhecer outro género de valor, e mesmo um valor absoluto, se fosse esse o seu gosto. Isto não a impedia de abandonar o helenismo para ir embrenhar-se no bosque profundo da Idade Média, espiando o murmurar misterioso das árvores e abrigando-se no alto dos seus cumes cheios de folhas, quando não preferia esconder-se no fundo de grutas obscuras, procurando sempre, em suma, a sua própria realidade numa Idade Média *ad hoc*, por entre cavaleiros, trovadores e as nobres donzelas que se meneiam ao lado dos noivos, um falcão de caça pousado no punho direito. Mas, se esta corte de amor perdesse o seu interesse, toda a Idade Média recuaria ao infinito e os seus contornos cada vez mais esbatidos acabariam por desaparecer nas profundezas do conhecimento. É que esta Idade Média também não representava aos olhos da ironia um momento da história universal, tendo o seu valor intrínseco, mas obtinha todo o seu valor, um valor absoluto, do prazer da ironia.

Passava-se o mesmo para todos os domínios da especulação teórica. Era assim que uma ou outra religião se encontrava promovida por um tempo à categoria do absoluto; mas isso não impedia a ironia de se dar conta de que a razão, pela qual esta religião era absoluta, se baseava inteiramente na sua decisão arbitrária – isto é, nada: a prova, é que no momento seguinte, já tinha mudado de capricho. Era assim que tão depressa era vista a ensinar, como em Nathan o Sábio, que todas as religiões têm valor e que a cristã é talvez a pior, como mudar de ideias para afirmar que era ela própria o Cristo em pessoa. No que diz respeito ao conhecimento o processo era idêntico. A ironia não cessava de criticar e condenar cada *ponto de vista científico,* mas enquanto perdia o seu tempo a pavonear-se no tribunal deixava a outros o cuidado da procura. Não cessava assim de se manter acima do objecto do debate, e isto era evidentemente uma atitude compreensiva, pois, ao ouvi-la, a realidade começava só com ela. A ironia tinha com efeito brotado da questão metafísica que dizia respeito à relação entre a ideia e a realidade; mas como a ideia metafísica reside para lá do tempo, não era mais possível considerar que a realidade a que a ironia aspirava estava fechada no tempo.

É contra esta maneira de julgar e de condenar que se levanta Hegel (*Oeuvres complètes,* t. XVI, p. 465) sobretudo no que diz respeito a Frederico Schlegel. A este propósito nunca será de mais reconhecer os serviços inestimáveis que Hegel prestou para a compreensão do *passado histórico.* Ele não rejeita o passado, mas concebe-o; não desdenha outros pontos de vista científicos mas ultrapassa-os. Hegel põe portanto termo a essa eterna questão de saber, visto que a história universal está prestes a começar, se será exactamente ao 4.º *bip,* ou se será conveniente esperar até ao 5.º. Assim, se vemos tal ou tal hegeliano ser levado por um impulso histórico-mundial tão sublime que já não pode parar a sua corrida fantástica antes de cair nos braços do diabo, a culpa não poderá ser imputada a Hegel. E se, no respeitante à contemplação, se pode evidentemente levar as coisas mais longe do que Hegel, não se encontrará, entre aqueles que possuem o conceito da significação da realidade, ninguém suficientemente ingrato para querer romper tão depressa com ele, esquecendo tudo de que lhe é devedor, mesmo nos pontos em que divergem. E se se deve reconhecer a verdade, sabendo que a ironia autoriza uma conduta discutível, pelo menos pode-se justificá-la dizendo que a ironia sabe perfeitamente que o fenómeno não é idêntico ao ser. A ideia, pelo contrário, é concreta; convém portanto fazê-la passar para o plano da realidade concreta, mas este futuro concreto da ideia é precisamente a realidade histórica. Nesta realidade histórica, cada elo particular toma então o seu valor de momento. Mas a ironia não conhece este valor relativo. Para ela a realidade histórica está tão depressa revestida de um valor absoluto, como desprovida de qualquer valor: pois a ironia atribui-se igualmente essa missão importante de triunfar sobre a realidade.

Contudo, a realidade apresenta-se igualmente ao indivíduo como um dever que exige ser cumprido. Seria aqui que se esperaria ver a ironia manifestar-se sob um aspecto particularmente vantajoso: como ela não cessou de recusar toda a realidade dada, é-se levado a crer que possui qualquer coisa de bom para a substituir. Não é, no entanto, esse o caso. Porque se esta atitude dava à ironia os meios para ultrapassar a realidade histórica fazendo-a subir às nuvens, esta vitória foi sancionada pelo facto de a própria ironia ficar suspensa no ar. *A sua realidade apresenta-se então como uma mera possibilidade*. Enquanto o indivíduo – agindo para ficar em estado de cumprir o seu dever, isto é, de construir a realidade e de resolver os problemas que ela pode levantar – deve ter o sentimento de estar empenhado numa grande obra colectiva, tomar consciência da seriedade da sua responsabilidade, revelar e respeitar cada consequência racional, a ironia pelo contrário libertou-se de todos estes entraves. Sente o poder de, se tal for o seu desejo, estabelecer princípios absolutos: nenhum passado pode prendê-la. Do mesmo modo que, no plano teórico, a ironia goza em paz a sua alegria crítica numa liberdade ilimitada, no plano prático goza também de uma tal liberdade divina que não reconhece qualquer freio, qualquer entrave, mas que se agita no seu jogo desenfreado como um Leviatã largado no oceano.

A ironia possui, portanto, uma liberdade absoluta. Livre das preocupações da realidade, ela é-o também das suas alegrias e da sua felicidade; por não reconhecer nenhum valor mais elevado do que ela, não está mais nas condições requeridas para receber a felicidade, essa dádiva pela qual um ser superior satisfaz as aspirações de um ser inferior. Mas esta liberdade, é tudo o que a ironia deseja. É por isso que está sempre atenta, para evitar – o que receia acima de tudo – deixar-se subjugar por uma ou outra sensação. Este género de liberdade é a condição requerida para penetrar no plano da existência poética, e a exigência essencial da ironia é precisamente a necessidade de levar uma existência poética.

Mas por existência poética, a ironia entende qualquer coisa de muito diferente e de mais arrojado do que aquilo que qualquer indivíduo razoável, tendo alguma consideração pelo valor do homem e alguma intuição daquilo que cada homem tem em si de original, pode entender por essa palavra. Ela não considera que exprima assim essa seriedade artística que vem em socorro do divino quando, num mudo recolhimento, o homem, tendo finalmente ouvido a voz da sua originalidade profunda e descoberto a lei dos seus movimentos espontâneos, pode doravante pô-los à disposição do indivíduo empírico e conseguir assim da maneira mais harmoniosa a sua individualidade total como uma forma plástica reduzida ao seu tipo essencial. Está longe de entender, por isso, o objectivo que se propõe a um cristão piedoso quando passa a considerar a vida como um exercício, uma educação que não se destina a fazer dele um ser inteiramente diferente do que era à partida ([1]), mas a desenvolver os germes de vida que Deus tinha posto no seu interior; é assim que o cristão toma consciência da sua realidade perante Deus. Numa tal concepção, o cristão vem, por assim dizer, em auxílio de Deus, torna-se seu colaborador na realização de uma obra boa que o próprio Deus tinha começado. Declinando este modo de ver, a ironia não se contentava com erguer um protesto contra toda essa mediocridade lamentável, que ela reprovava às pessoas que a rodeavam, contra essa humanidade em série para a qual, apesar de todas as suas misérias, o mundo ainda é bastante bom, mas exigia mais. De facto uma coisa é poetizar-se a si próprio, outra é deixar-se poetizar por outrem. É assim que o cristão se deixa poetizar, e pode mesmo dizer-se, seguindo este segundo ponto de vista, que um cristão ingénuo leva uma existência infinitamente mais poética do que muitas pessoas famosas. Mas aquele que se poetiza a si próprio, no sentido em que o entendiam os Gregos, reconhece de imediato que lhe foi destinado um dever. É por isso que é tão importante para ele tomar consciência do espontâneo que está nele: o espontâneo define de facto a fronteira no interior da qual ele poetiza, no interior da qual ele está poeticamente livre. *A individualidade toma assim consciência do seu objectivo,* que é um objectivo absoluto; a sua função consiste pecisamente em se propor este objectivo, em atingi-lo e em fruir ela própria por meio e no decorrer desta realização. Quer dizer que a sua função consiste em tomar *para si* no que está *em si...*

Ora se o homem-padrão não possui *em si,* mas nos aparece susceptível de se tornar em qualquer coisa, o ironista sofre a mesma

---

([1]) «Vê-se aqui que o Deus dos cristãos não dispõe dessa omnipotência negativa ilimitada que possui o Deus dos maometanos. Só depende deste último fazer um homem tão grande como uma montanha, uma pulga tão grande como um elefante, ou pelo contrário uma montanha tão pequena como um homem e um elefante do tamanho de uma pulga. Tudo poderia portanto ser de outro modo sem que o mundo fosse por isso pior». *No texto de Kierkegaard esta frase não está em nota, mas entre parenteses.*

contrariedade. Isto não se deve no entanto ao facto de ser um simples produto no seu meio, pois ele não cessa pelo contrário de pairar sobre ele; mas para poder levar uma existência verdadeiramente poética, e para poder utilmente realizar-se a si próprio no plano poético, o *ironista vê-se proibido de possuir o menor «em si»*. Assim, o ironista coloca-se a si mesmo abaixo daquilo que combate com mais furor, pois um ironista chega assim a ter uma certa semelhança com um prosador consumado; exceptuando isso, fica-lhe o privilégio da liberdade negativa, quer dizer, o poder de criar uma representação poética superior à sua própria existência. É por isso que o ironista acaba na maior parte dos casos no nada, pois o princípio que não se aplica a Deus continua a valer para o homem: que o que veio do nada retome ao nada. É por isso que o «Zé-ninguém» representa sempre aos olhos da escola romântica a pessoa mais poética. Quanto ao desígnio tão frequentemente evocado pelos cristãos, sobretudo nos tempos perturbados, de aparecer como «um louco aos olhos do mundo», o ironista realiza-o a seu modo: somente já não se trata para ele de conquistar a glória eterna do mártir, mas de saborear a mais alta fruição poética.

Ora esta famosa liberdade poética ilimitada, que já se manifestou por esta vocação negativa, exprime-se igualmente, de modo positivo, em toda uma série de determinações diversas que o indivíduo percorreu, em geral *sob a forma da possibilidade* e a que deu uma existência poética antes de se afundar no nada. A alma que se entrega à ironia parece-se com aquela que atravessa o mundo na doutrina de Pitágoras: está sempre em viagem, mas já não tem necessidade de uma tão longa duração. Ora na medida em que também ela se reencarna no tempo, partilha esse privilégio de saborear a diversidade das determinações sucessivas, e conheço muito ironista que só encontrou a paz do Nirvana depois de ter atravessado notáveis *fata,* como o galo cuja história Luciano nos conta: depois de ter sido em primeiro lugar Pitágoras em pessoa, depois Aspásia, a equívoca beleza de Mileto, depois o cínico Crates, tinha sido sucessivamente rei, tigre, sátrapa, cavalo, gralha, rã e mil outras coisas que seria demasiado longo enumerar, finalmente galo, e este último papel tinha-o desempenhado por várias vezes, pois sentia nele o maior prazer.

Assim, para o ironista, todas estas coisas são possíveis. O nosso Deus está no Céu: ordena tudo segundo a sua fantasia; o ironista está na Terra: não tem outra lei senão o seu bel-prazer. Não se pode portanto reprovar ao ironista a dificuldade que sente em optar por uma forma determinada, porque quando se dispõe de um tal campo de possibilidades, deve ser muito difícil escolher. É por isso que, ao fim e ao cabo, o ironista se resolve a deixar *o destino ou o acaso* decidir sobre toda a mudança. E como as crianças que puxam aqueles que pagam, conta pelos dedos *«príncipe encantado ou mendigo, etc.»*. Todas estas encamações, não tendo a seus olhos outro valor senão o de meras possibilidades, podem percorrer a gama quase tão depressa como as crianças o seu jogo. Em contrapartida, o que toma tempo ao ironista é o cuidado que põe em *se vestir exactamente* de acordo com o papel poético assumido pela sua fantasia. O ironista não tem falta de disposições neste sentido e possui além disso um guarda-roupa suficientemente variado para lhe permitir uma máscara de primeira categoria: ora deambula com o ar orgulhoso de um patrício coberto com a sua toga deslumbrante, como se senta na cadeira curul com a gravidade de um senador romano; ora se humilha sob o hábito de um peregrino contrito, como repousa, as pernas cruzadas, tal um paxá no seu harém; tanto esvoaça livremente por aqui e por ali como um passarito, como é um trovador apaixonado. Eis o que o ironista tem em mente quando declara que se deve *viver poeticamente*; eis o nível que atinge com o seu esforço para se poetizar a si mesmo.

Mas voltemos à nossa observação de há pouco: são duas coisas diferentes fazer-se poetizar ou poetizar a si mesmo. Porque aquele que se deixa assim poetizar entra numa dada relação de determinações às quais se deve conformar: não é, portanto, mais um termo desprovido de sentido, visto que este sentido é expresso precisamente por esta relação. Mas aos olhos do ironista esta relação não passa de um codicilo desprovido de qualquer valor, e como não sente qualquer disposição para se conformar ele próprio às exigências do seu meio, cabe, pois, a este meio ajustar-se às suas medidas: o que é o mesmo que dizer que, não contente em poetizar a si próprio, *ele poetiza ainda o seu universo*. O ironista mantém--se orgulhosamente fechado em si mesmo, faz desfilar diante de si os homens, como Adão os animais, e também ele não encontra qualquer companhia digna de si. Não cessa mais, de agora em diante, de entrar em colisão com a realidade a que pertence. É por isso que dá tanta importância a poder suspender o princípio constituinte desta realidade, o que lhe dá a sua estrutura e a sua estabilidade, quer dizer a ética e a moralidade.

É assim que chegamos ao ponto que foi particularmente visado pela ofensiva hegeliana: é que tudo o que ele pode encontrar na realidade dada tem aos olhos do ironista *apenas um valor poético*; porque a sua existência se desenrola inteiramente no plano poético. Mas se, para o ironista, a realidade dada perde assim o seu valor não é porque seja uma realidade ultrapassada, que deva dar lugar a uma outra mais autêntica, mas porque o ironista encarna o EU fundamental, para o qual não existe realidade adequada. Por conseguinte, compreende-se melhor como daí resulta que o ironista se ponha para além da ética e da moralidade, pretensão contra a qual o próprio Solger não receia erguer-se chamando a atenção para o facto de não ser assim que ele entende a ironia. Aliás, não é completamente exacto afirmar que o ironista se coloca para além da ética e da moralidade: a verdade é que leva uma existência demasiado abstracta, demasiado metafísica ou estética, para poder encontrar o rochedo concreto da ética ou da moralidade. Ele reduziu a vida a não mais do que uma representação dramática, e o que o interessa é unicamente a complicação sentimental deste drama. E entende por bem não abandonar a atitude de espectador, mesmo nas peças em que é actor. Para fazer isto basta-lhe infinitizar o seu EU, volatizá-lo em fumo metafísico ou estético; desde logo ser-lhe-á lícito, concentrando-se de tempos a tempos sob uma forma tão egoísta e limitada quanto possível, libertar-se dele assim que lhe aprouver e estender tão largamente o raio do seu voo, que ele possa conter o universo inteiro. Será assim que se entusiasmará pelo sacrifício da virtude, mas será o entusiasmo de um espectador de teatro: o ironista é aliás um crítico severo que conhece bem o ponto a partir do qual esta virtude perde o seu sabor e a sua autenticidade. Acontece-lhe mesmo arrepender-se, mas é um arrependimento que deriva da estética e não da ética. Pois no próprio momento em que se arrepende, paira esteticamente sobre o seu arrependimento para saborear o valor estético, para saber se ele constitui de facto a réplica apropriada a uma pessoa poética.

Mas embora use a maior liberdade poética para poetizar a si mesmo e poetizar o seu meio, embora viva assim hipotética e subjuntivamente, o ironista não tarda a dissipar toda a continuidade da sua existência. Perde-se inteiramente ao determinar-se: a sua vida não passa de uma continuação de determinações, estranhas umas às outras. Admito que a determinação destes estados de alma sucessivos possa corresponder a uma experiência autêntica, e que não haja aqui em baixo qualquer existência bastante absoluta para excluir radicalmente a possibilidade de virtualidades opostas. Mas, numa existência sã, a determinação é apenas a última actualização da existência, que conserva nela a sua unidade de estrutura e de acção. Um cristão sério é o primeiro a saber que existem instantes privilegiados em que experimenta mais profunda e mais intensamente do que o habitual a realidade da vida cristã: mas desde que esta determinação deixa de se sentir, ele não fica por isso reduzido ao estado pagão. Bem pelo contrário, quanto mais a sua vida for sã e séria, mais saberá manter para além destas determinações passageiras o governo da sua alma, encontrando na sua aparição uma ocasião de humildade e por isso mesmo de libertação espiritual. Mas como o ironista é desprovido de qualquer continuidade, as suas determinações sucessivas separar-se-ão umas das outras: tão depressa teremos diante de nós um deus, como um grão de areia. As suas determinações são, pois, tão contingentes como as reencarnações de Brama. E o ironista *que se considera como isento*, cai assim sob o golpe da terrível lei da ironia cósmica: ele deve cumprir o seu trabalho *na servidão mais assustadora*. Mas o ironista é um poeta que saberá disfarçar suficientemente as coisas para não aparecer como uma simples bola entre as mãos caprichosas da ironia universal. Visto que sabe poetizar tudo, poetizará também as determinações. E visto que, para ser livre é-lhe precisamente necessário controlar as determinações, arranjar-se-á para que cada uma delas seja efectivamente apagada pela seguinte. Se acontecer ainda, de tempos a tempos, que esta separação se efectue num desespero tão marcado que seja forçado a aperceber-se de que aquilo não se passa nada bem, sai-se airosamente da situação poetizando mais uma vez. Ele *sonha* que chama a determinação ao ser, e continua a poetizar assim até ao momento em que atinge uma tal paralisia espiritual que é forçado a deixar a palavra ao sonho.

Concluamos, portanto, dizendo que a determinação do seu estado de alma não tem mais realidade do que o resto aos olhos do ironista e ele só raramente lhe dá ocasião de se manifestar *sob a forma da oposição contrastada*. É assim que exprime as suas preocupações sobre o incógnito distinto da brincadeira, e a sua alegria por gemidos queixosos. Se faz uma peregrinação a algum mosteiro aproveita para visitar de passagem Venusberga: mas se vai a Venusberga, ei-lo que pára a rezar num claustro. O esforço epistemológico da ironia dissolve-se em estados de alma. É o que Hegel reprova principalmente a Tieck e o que sobressai igualmente da sua correspondência com Solger. Ele não pode admitir que o ironista apareça ora inteiramente conformista, ora dialéctico, ora céptico, ora com os traços de Jacob Böhme, ora na linha do pensamento grego: tudo isto são meras determinações! Todavia, como deve subsistir alguma ligação para juntar todas estas contradições, uma unidade onde se compõem as monstruosas dissonâncias destas determinações, o próprio ironista não poderia tardar a satisfazer esta necessidade de unidade. Mas *a única continuidade que o ironista possui é o aborrecimento*. O aborrecimento, essa eternidade sem conteúdo, essa beatitude sem alegria, essa profundeza superficial, essa saciedade de faminto, o aborrecimento é precisamente para uma consciência particular esta unidade negativa na qual se abolem as contradições. E certamente ninguém virá apresentar-me um desmentido se eu declarar que neste mesmo instante a França e a

Alemanha possuem uma colecção suficiente de ironistas, assim definidos, para já não ter necessidade de se iniciar doravante nos mistérios do aborrecimento pelos cuidados de algum lorde inglês membro itinerante de um *Spleen-Club*; e que tal ou tal aderente notório da pandilha Jovem-Alemanha ou Jovem-França estaria desde há muito morto de aborrecimento se os seus governantes respectivos não tivessem tido a atenção paternal de os fazer parar no tempo requerido para dar um quadro à sua reflexão. E agora se se quiser ter diante dos olhos o exemplo magnífico de um destes ironistas a quem a duplicidade da existência levou a perder esta existência, basta lembrarmo-nos de Asa-Loke ([1]).

Apercebemo-nos aqui até que ponto *a ironia permanece inteiramente negativa* enquanto estabelece sob o ponto de vista teórico um desacordo entre a ideia e a realidade, a realidade e a ideia, e sob o ponto de vista prático entre a possibilidade e a realidade, a realidade e a possibilidade. E para o demonstrar mais amplamente pela história da evolução da ironia, vamos examinar de um pouco mais perto os seus representantes mais qualificados.

(O *Conceito de Ironia,* II Parte,
«A ironia segundo Fichte»)

B) A FILOSOFIA DOS ESTÁDIOS DE EXISTÊNCIA

I – O ESTÁDIO ESTÉTICO

1. O desejo, fundamento da vida estética

Neste caso, onde pode Don Juan beber o princípio da sua sedução? Na força da sua paixão, na energia do desejo sensual. Em

([1]) Loke ou Loki, personagem demoníaca da antiga poesia nórdica. Este intriguista, introduzido por Odim entre os *Ases* tinha o poder de se transformar em mulher, em abelha, em pulga, etc., e de se deslocar como queria. É o *Proteu* da mitologia odínica. Cf. E. Mogk, «Loki», em *Hoop's Reallexikon der germanische Altertumskunde*, 1915-1916, t. III.

cada mulher o que ele deseja é a feminilidade completa e esta idealização sensual que projecta sobre a sua vítima é a razão da sua vitória. O fogo desta paixão gigantesca ilumina e engrandece o objecto de desejo que cora ao seu contacto e irradia uma beleza superior. Se o entusiasta adorna já com qualidades lisongeiras o primeiro ser que se lhe depara no caminho, de que claridade suprema não aureolará cada jovem que se introduz numa relação verdadeiramente capital! É esta a razão pela qual todas as diferenças particulares se desvanecem perante esse facto essencial de ser uma mulher. Ele rejuvenesce as velhas, conduzindo-as ao princípio do seu sexo, e cedo faz desabrochar as donzelas: torna em negócio seu tudo o que é feminino...

Não só Don Juan tem sucesso junto das jovens, como ainda as torna felizes fazendo a sua infelicidade: coisa estranha, é no entanto isto o que elas desejam; e aquela que não desejasse tornar-se infeliz por ter sido, nem que fosse uma só vez, feliz com Don Juan, seria uma jovem bem triste. Mas se continuo a tratá-lo como sedutor, estou longe de entender por isso um indivíduo manhoso que procura triunfar por meio de qualquer intriga: se Don Juan alcança os seus fins, deve-o apenas ao génio da sensualidade, de que é como que a encarnação. O pensamento reflectido não é o seu forte, a sua vida fervilha como o champanhe que o revigora, vibra como a música que acompanha a sua alegre refeição, voa de sucesso em sucesso. Não tem necessidade de estratégia, de plano nem de espera pois está sempre pronto para a luta. A sua força está sempre a postos, o seu dever sempre presente, e é somente quando ele deseja que está no seu elemento. Surpreendemo-lo à mesa a festejar alegremente, a taça na mão como um deus; num abrir e fechar de olhos está de pé, pronto para o ataque. Leporello acordado a meio da noite, põe-se logo de pé, sempre seguro da sua vitória. Mas a palavra não pode exprimir esta força, este poder, só a música nos pode dar uma ideia, pois reflexão e o pensamento não o conseguiriam...

Também não tentarei de modo algum apresentar-te o herói, mas contentar-me-ei em dizer-te: «Ouve *Don Juan* e se, ouvindo-o, não conseguires fazer uma ideia dele, não o conseguirás nunca. Ouve o princípio desta vida. Como o relâmpago durante as nuvens tenebrosas da tempestade, ele corta as profundezas da seriedade, mais rápido do que o raio, mais caprichoso do que ele e no entanto igualmente rigoroso. Ouve como se lança na vida múltipla e diversa, como desfralda as velas sobre a sua barragem inabalável, ouve o apelo do desejo, os transportes do prazer, a bebedeira triunfal da fruição, ouve essa fuga desvairada e a sua louca aceleração, sempre mais rápida, sempre mais indomável: ouve a exigência desenfreada da paixão, ouve a respiração do amor, ouve o murmúrio da tentação, ouve o silêncio do instante, ouve, ouve, ouve o *Don Juan* de Mozart!»

(*A Alternativa*, «O erotismo musical», § 1,
«A genialidade sensual
como princípio de sedução»)

2. Pela sedução virtual considerada como arte suprema o homem tenta escapar à armadilha da mulher

O homem não podia ser domado pela força, senão os deuses ter-se-iam eles próprios encarregado disso, e era exactamente disso que eles não se sentiam capazes. Era, pois, necessário agarrá-lo e domá-lo por uma força mais fraca do que a sua e no entanto mais possante, suficientemente possante para o submeter ao seu jugo. Que força miraculosa era portanto necessário descobrir! Mas a necessidade ensina os deuses a ultrapassarem-se em engenho. Reflectiram, meditaram, e encontraram. Essa força foi a mulher, maravilha da criação, superior mesmo ao homem aos olhos dos deuses, de tal modo que na sua ingenuidade eles não paravam de se felicitar pela sua invenção. Que mais poderia dizer-se em louvor da mulher a não ser que ela teria força para executar aquilo de que os deuses não eram capazes; que acrescentar ainda a não ser que efectivamente ela o fez, e que prodígio era preciso ser para conseguir fazê-lo! Tal foi a manha dos deuses. A feiticeira fora dotada de uma natureza falaciosa: mal tinha enfeitiçado o homem transformava-se para o reter em todas as escravidões do mundo finito. E era precisamente isto que os deuses tinham querido. Pode imaginar-se alguma coisa de mais encantador, de mais agradável, de mais deslumbrante, do que este subterfúgio inventado pelos deuses para defender o seu poder, única armadilha capaz de agarrar o homem? E na verdade assim é: a mulher é uma coisa única, a criatura mais cativante do céu e da terra, e sob este prisma o homem é ao lado dela apenas um ser bem imperfeito.

A manha dos deuses alcançou, portanto, o seu objectivo. Mas não obteve sempre o mesmo sucesso. Em todas as épocas se encontram homens, algumas raras excepções, para denunciar a fraude. Tão sensíveis, e mesmo mais do que todos os outros à graça da mulher, não deixaram por isso de pressentir a armadilha. Chamo eróticas a estas pessoas e incluo-me nelas; os homens chamam-lhes sedutores, e a mulher não tem nome para os designar, pois para ela eles são inefáveis. Estes eróticos são os únicos a ser completamente felizes. A sua vida é mais faustosa do que a dos deuses, pois não só comem um manjar mais precioso do que a ambrósia, como só bebem um líquido mais aprazível do que o néctar; alimentam-se do capricho mais sedutor, do pensamento mais astucioso dos deuses; saboreiam apenas a isca, oh volúpia ímpar, oh doçura de uma tal vida! Saboreiam apenas a isca e nunca são fisgados. Os outros homens lançam-se sobre o engodo e devoram-no, como um camponês engole a sua salada de pepino, e deixam-se prender. O erótico é o único que sabe verdadeiramente apreciar a isca, apreciá-la no seu preço infinito. A mulher não deixa de o entender, e estabelece-se entre ela e ele um entendimento tácito. Todavia ele nunca esquece que se trata apenas de uma isca, e este conhecimento conserva-o para si próprio.

(*Etapas do Caminho da Vida*,
«In vino veritas», discurso de Johannes)

3. Um ou outro modo de sedução deixa a mulher num estado de desequilíbrio e de insatisfação que denuncia a insuficiência fundamental do estádio estético

«Johannes!

Não te chamo "meu" Johannes, pois sei bem que nunca o foste e fui bastante duramente punida por ter deixado a minha alma deleitar-se com esta ideia. E no entanto sim, porei "meu": meu sedutor, meu subornador, meu inimigo, meu assassino, agente da minha infelicidade, túmulo da minha alegria, abismo da minha condenação. Direi portanto *meu* Johannes e direi *tua* Cordélia, mas estas palavras que lisongeavam os teus ouvidos quando respondias à minha adoração, podem agora cair sobre ti como uma maldição, uma maldição para toda a eternidade! Não te regozijes com a ideia de que penso perseguir-te e ameaçar-te com o punho para excitar a tua ironia! Mas poderás fugir à vontade, continuarei tua; ir até ao fim do mundo, continuarei tua; mesmo que ames centenas de outras, continuarei tua; até à hora da morte, digo-te, continuarei tua; mesmo esta linguagem hostil prova até que ponto continuo tua. Como tiveste a audácia de enganar um ser ao ponto de te tornares tudo para ele, a tal ponto que poria toda a minha alegria em tornar-me tua escrava!? Sou tua, tua, tua, sou a tua maldição.

Tua Cordélia»

(*A Alternativa*, «Diário de um sedutor», Introdução)

II – O ESTÁDIO MORAL OU ÉTICO

A verdade moral do homem comum é o primeiro amor desabrochado no casamento

Mas voltemos ao primeiro amor. Ele é a síntese da liberdade e da necessidade. Um dos amantes sente-se atraído para o outro por uma força irresistível, mas justamente retira deste estádio a consciência da sua liberdade. Este amor é a síntese do geral e do particular, e contém os dois até ao limite do acaso. Aliás ele não retira todos estes traços de uma análise reflexiva: possui-os imediatamente. A este respeito, quanto mais preciso é o primeiro amor mais ele é são, mais hipóteses tem de ser um primeiro amor autêntico. Estes dois seres são atirados um para o outro por uma força irresistível e apesar disso gozam no seu encontro de toda a sua liberdade...

O primeiro amor tem assim a segurança do imediato; mas os indivíduos que o sentem recebem por acréscimo um desenvolvimento religioso. Tenho perfeitamente o direito e mesmo o dever de o presumir visto que resolvi provar que o primeiro amor e o casamento podem coexistir. A questão apresenta-se, aliás, sob um ângulo diferente, quando um primeiro amor infeliz ensina os indivíduos a recorrer a Deus e a procurar a segurança no casamento; o primeiro amor é então desnaturado ainda que seja possível encontrá-lo. Ora em qualquer hipótese os amantes têm o hábito de tudo atribuir a Deus, sob os modos mais diversos. Mas habitualmente será num dia de tristeza que eles se dirigirão a Deus, e não é o receio nem a angústia que os incita à oração: quando o seu coração, quando o seu ser transborda de alegria, o que há de mais natural do que agradecê-lo a Deus? Estes dois seres não receiam nada, porque os perigos do exterior não têm impacte sobre eles, e quanto aos do interior, o primeiro amor ignora até a sua existência. Mas esta acção de graças não altera o primeiro amor; nenhuma reflexão interveio para o perturbar, ele passou simplesmente para uma esfera superior. No entanto, esta acção de graças tem, como toda a oração, um elemento de acção virado não para o exterior, mas para o interior, e que é nesse caso a vontade de perseverar no amor...

Fica portanto demonstrado entre nós que o amor conjugal encarado como momento não só é tão belo como o primeiro amor, mas ainda mais belo, visto que contém no seu imediato a síntese de vários contrários. Não se deve, pois, equiparar o casamento a uma pessoa extremamente honrada, mas que nos aborrece com toda a sua moral, enquanto o amor é exclusivamente poesia: muito pelo contrário, é o casamento que é eminentemente poético... O primeiro amor carece com efeito do segundo ideal estético, o ideal histórico: não comporta a lei do movimento. Se a fé na vida pessoal pudesse ser tão imediata, a fé correspondente ao primeiro amor crer-se-ia, em virtude da promessa, capaz de erguer montanhas e multiplicar milagres ao acaso. Consegui-lo-ia talvez, mas não teria por isso história, porque o rosário de todos estes milagres não constitui uma história, mas sim assimilação da fé. Ora o amor conjugal possui este movimento, porque a sua resolução é orientada para o interior. No domínio religioso deixa por assim dizer a Deus o cuidado do mundo inteiro; mas a sua resolução quer, em colaboração com Deus, combater por si mesmo, conquistar-se ele mesmo com o tempo da paciência.

E enquanto a consciência do pecado introduzia a ideia de uma enfermidade radical da natureza humana, vêmo-la aqui vencida pela resolução dos esposos.

(*A Alternativa*, «O valor estético», *passim*)

III – O ESTÁDIO RELIGIOSO

1. A realidade mais profunda não é a falsa subjectividade da especulação hegeliana, mas a subjectividade trágica do plano religioso

«Vê-se facilmente por isso o que o estádio precedente entende por *ser-o-que-se-chama-um-sujeito*, a saber, o imprevisto, o extravagante, o egoísta, o caprichoso, etc. Que cada homem tenha demasiado disto em si e que seja disto necessário desembaraçar-se, não é seguramente o cristianismo que o contesta, ele que nunca apreciou as brincadeiras de mau gosto. Mas a diferença entre cristianismo e hegelianismo consiste justamente neste ponto: a especulação pretende ensinar-nos que a via a seguir é tornar-se objectivo, ao passo que o cristianismo ensina-nos que a via a seguir é tornar-se subjectivo, quer dizer tornar-se verdadeiramente sujeito. Digamos, para que se não pense tratar-se de uma querela de palavras, que o cristianismo quer potencializar a paixão e elevá-la ao seu ponto mais alto; mas a paixão é precisamente subjectividade, e esta, objectivamente falando, é absolutamente desprovida de existência.»

(*Post-scriptum final não-científico às Migalhas Filosóficas*,
II Parte, II Secção, cap. I:
«Tornar-se subjectivo»)

2. Impossibilidade de provar teoricamente a existência de Deus

Querer tirar dos actos de Napoleão a prova da sua existência, não seria um empreendimento excêntrico? Porque se é verdade que a sua existência explica bem os seus actos, os seus actos não podem provar a *sua* existência, a menos que já se tenha pressuposto isto implicitamente na palavra *sua*. Além disso, na medida em que Napoleão é apenas um indivíduo, não existe entre os seus actos e ele uma relação absoluta que permita afirmar que nenhum outro indivíduo teria sido capaz das mesmas acções: talvez seja esta a razão que me impede de concluir dos actos à existência. De facto, se digo que estes actos são os de Napoleão, então a prova é supérflua, visto que já o nomeei; mas se ignoro o nome do seu autor, como provar pelos actos em si que eles são de Napoleão? Não poderei ultrapassar esta afirmação abstracta de que eles provêm de um grande general, etc.

Pelo contrário, entre Deus e os seus actos existe uma relação absoluta, porque Deus não é um nome, mas um conceito, e é talvez por isso que a sua *essentia involvit existentiam*. Assim, os actos de Deus, só Deus pode fazê-los; muito bem, mas quais são então os actos de Deus? De actos imediatos, que possam provar a sua existência, não vejo o mínimo vestígio, a menos que admita que a acção da sua sabedoria na natureza, da sua bondade ou da sua sabedoria na Providência saltam absolutamente à vista. Não seria isto pelo contrário abrir a porta a terríveis tentações, que seriam impossíveis de ultrapassar? Não, por esta ordem de ideias não conseguiria tirar a prova da existência de Deus, e mesmo que o tentasse nunca chegaria ao fim, e ver-me-ia forçado a viver sempre *en suspens* no temor de que acontecesse de repente qualquer coisa tão terrível como a perda das minhas pequenas provas. Quais são então, definitivamente, os actos de que posso tirar a minha prova? Actos que se apanham idealmente, isto é, que não se manifestam de uma maneira imediata. Mas então já não se pode dizer que a minha prova saia dos actos. Ela só explicita a idealidade pressuposta: a minha confiança *nela* permite-me afrontar todas as objecções, mesmo as que ainda estão por vir. Também, como entrada de jogo já pressupus a idealidade e a minha certeza de a ver triunfar de todos os obstáculos: mas é outra coisa pressupor a existência de Deus, e reconhecer que a minha confiança nele comandava toda a minha tentativa.

E agora como é que, nesta hipótese, a existência de Deus resulta da prova? Isto não se mantém, como aqueles brinquedos lastrados que se chamam «sempre-em-pé». Desde que se largue o sempre--em-pé, ele volta à sua posição sobre a bola de chumbo. Desde que se largue: é portanto preciso largá-lo! Passa-se o mesmo com a prova. Enquanto não largar a minha demonstração (quer dizer enquanto me obstinar em provar) a existência não aparece – talvez porque tento prová-la – mas desde que a largo, a existência manifesta-se. Mas, nestas condições, o próprio acto de largar não representa alguma coisa? Não é a minha *contribuição mágica*? É--se portanto forçado a não esquecer este pequeno instante por mais pequeno que ele seja: ele não tem aliás necessidade de durar mais do que o necessário para um *salto* por mais pequeno que seja este instante; mesmo que ele seja apenas um piscar de olhos, este piscar de olhos deve ser levado em conta...

Aquele, então, que quer provar a existência de Deus (num outro sentido que não o de explicitar o conceito de Deus e sem a *reser-*

vatio finalis que acabamos de mencionar, a saber que a existência mesmo vinda da prova obtém-se por um salto) demonstra sem o querer uma proposição completamente diferente que em geral não tinha sequer necessidade de demonstração e que em todo caso não podia ser mais bem provada. Porque, se se chama louco àquele que no seu coração nega a existência de Deus, aquele que declarasse no seu coração ou diante dos homens: «espera um pouco, que eu a prove!», que cómico sábio seria! Ora, se ele não está, no momento em que começa a sua demonstração, numa indecisão perfeita entre a existência ou a não existência do deus, evidentemente que a não provará; e se ele põe esta indecisão como entrada de jogo, não chegará sequer a começar nunca, em parte por receio de não conseguir no caso de Deus não existir, em parte por não ter por onde começar. Na Antiguidade o problema não teria com certeza tido a mesma importância. Note-se no entanto que Sócrates, que passa por ter exposto aprova psicoteológica da existência de Deus, não agiu como os nossos contemporâneos. Ele não cessa de pressupor que Deus existe e apoia-se neste postulado para penetrar na natureza pela ideia de finalidade. Se se lhe tivesse pedido para justificar o seu método teria sem dúvida explicado que não tinha coragem suficiente para se lançar numa exploração tão temerária sem pelo menos ter assegurado a rectaguarda sobre o facto da existência de Deus. Sobre a instância de Deus ele deita por assim dizer uma rede para agarrar a ideia da finalidade: porque à própria natureza não faltam papões e subterfúgios para lançar a confusão nas nossas ideias.

A paixão paradoxal da inteligência esbarra sempre com este desconhecido que certamente existe, mas que não deixa por isso de ser menos desconhecido, e a este título igualmente inexistente. A inteligência não pode ir mais longe: mas o seu sentido do paradoxo leva-a a aproximar-se do obstáculo e a ocupar-se dele; porque pretender exprimir a nossa relação com o Desconhecido negando a sua existência não é correcto, visto que o enunciado desta negação implica precisamente uma relação. Mas o que é então esse Desconhecido? Porque tratá-lo por Deus vem a ser o mesmo que dizer simplesmente que é para nós o Desconhecido. Ora limitarmo-nos a declarar que ele é para nós o Desconhecido porque não se pode conhecê-lo, e, se se pudesse, porque não se saberia exprimi-lo, isto não satisfaz a paixão da inteligência, embora ela não deixe de ter razão em ver neste Desconhecido o seu limite: mas o limite é justamente o tormento desta paixão ao mesmo tempo que o seu aguilhão. E no entanto é-lhe impossível passar além, mesmo que arrisque uma saída *via negationis* ou *via eminentiae*.

O que é então este Desconhecido? É o limite ao qual não cessamos de aspirar e, enquanto tal, quando à categoria do movimento substituimos a do repouso, é o que difere, o absolutamente diferente. Mas o diferente absoluto é aquele de que se não tem signo distintivo. Definido como o diferente absoluto, ele parece estar quase a revelar-se, mas é um erro, a diferença absoluta não podendo mesmo ser pensada pela inteligência, pois, não podendo negar-se de uma maneira absoluta, ela não pode empreender esse esforço a não ser com os seus próprios meios e pensa portanto a diferença em si mesma, como a pensa por si mesma. E não podendo, absolutamente falando, conhecer aquilo que a ultrapassa, não pensa, portanto, a não ser em prolongamento dela própria – a grandeza que ela pensa por si mesma. A menos, portanto, que o Desconhecido (Deus) não seja um simples limite, a ideia única da diferença torna-se confusa pelas representações múltiplas da diferença. O Desconhecido situa-se assim numa diáspora e a inteligência fica livre para escolher à sua vontade naquilo que se lhe apresenta ou nas descobertas da sua imaginação (o monstruoso, o ridículo, etc...).

Mas uma tal diferença absoluta não poderia deixar-se fixar. Cada vez que se julga ter-se conseguido isso, trata-se, em última análise, apenas de um acto arbitrário e de, nas profundezas do temor a Deus incubar o insensato, o lunático arbitrário, consciente de ter ele mesmo produzido o Deus em questão...

(*As Migalhas Filosóficas*, III,
«O paradoxo absoluto:
uma quimera metafísica»)

3. Necessidade de provar pela fé a existência de um Deus pessoal

O objecto da fé é a realidade de um outro, a sua atitude um interesse infinito. O objecto da fé não é uma doutrina, porque então a relação tornar-se-ia intelectual e já não se trataria mais de se desenvencilhar no plano prático, mas de atingir o ponto mais alto da relação intelectual. O objecto da fé nem sequer é um professor possuindo uma doutrina, porque quando um professor possui uma doutrina, a doutrina é, efectivamente, mais importante do que o professor e volta-se a cair no caso precedente. Mas o objecto da fé é a realidade daquele que ensina, o facto que ele existe realmente. É por isso que a resposta da fé se exprime de modo categórico por sim ou não. Porque a resposta da fé não visa uma doutrina, nem mesmo um professor de quem se quereria saber se a doutrina é verdadeira ou falsa, ela resolve uma questão de facto: «admites a realidade desta existência singular?» E, notemos bem, a resposta é dada com uma paixão infinita. É já, com efeito, sinal de leviandade, quando se trata do seu próximo, dar uma importância infinita à questão de saber se ele existiu ou não: se o objecto da fé fosse apenas um homem não passaria de uma extravagante estupidez, de um indivíduo que não teria sequer compreendido a estética e o plano intelectual. O objecto da fé só pode ser a realidade existencial de Deus. Ora existir significa antes de mais ser um Indivíduo, e é por isso que o pensamento se vê na necessidade de se abstrair da existência; porque não há nenhum conceito de individual, mas só do geral. O objecto da fé é portanto a realidade de Deus na existência, quer dizer a realidade de Deus como indivíduo: quer dizer que Deus existiu como homem individual.

O cristianismo não é, pois, uma doutrina da unidade do divino e do humano, uma doutrina do sujeito objecto, para não falar das outras perífrases pela quais o designa a lógica do sistema. Se, de facto, o cristianismo fosse uma doutrina, a relação que se tem com ela não seria a da fé, porque com uma doutrina não há outra relação a não ser a intelectual. O cristianismo não é, portanto, uma doutrina, mas o facto que Deus existiu. A fé não é, portanto, uma fórmula reservada aos *minus habentes* na esfera da intelectualidade, um refúgio para espíritos fracos. Mas a fé é uma esfera original e cada erro sobre a natureza do cristianismo reconhece-se logo a menos que se transforme em doutrina para o puxar para o domínio da intelectualidade. Ora, enquanto na esfera da intelectualidade o mais alto ponto a que se pode chegar é a indiferença para com a realidade do mestre, pelo contrário, na esfera da fé, o mais alto ponto a atingir é um interesse infinito (*quam maxime*) pela realidade existencial do mestre.

(*Post-scriptum...*, II Parte, II Secção, cap. III, § 2)

4. A religião também não é um sentimento mas sim a expressão correcta de um *PATHOS* mais profundo do que o *pathos* estético: o respeito por um objectivo absoluto exprime-se aqui pela transformação completa da existência

«O *pathos* que corresponde adequadamente à pretensão de uma beatitude eterna é apenas a transformação pela qual o existente, enquanto tal, muda tudo na sua existência conformemente a este soberano bem. Ora, se, no plano da possibilidade a palavra corresponde ao *pathos* mais elevado, no plano da realidade é a acção...

Mas se a existência é formada de infinito e de finito, o existente é simultaneamente infinito e finito. Se portanto uma beatitude eterna é tida como supremo bem, isso quer dizer que os momentos de finito estão de uma vez por todas reduzidos pela acção a qualquer coisa que deve sem cessar ser sacrificada à beatitude eterna...

O patético consiste em exprimir isto na existência, existindo; o patético não consiste em depor a favor de uma beatitude eterna. mas em transfonnar toda a nossa existência num testemunho vivo. O *pathos* poético é um *pathos* superior que põe o poeta acima do destino, mas o *pathos* existencial ou religioso é o do pobre homem, o de toda a gente – porque um indivíduo qualquer procede como ele próprio e, por vezes, encontra-se numa mulher da limpeza o *pathos* que se procuraria em vão na existência de um poeta. Aliás é dado a um indivíduo verificar facilmente como é que se relaciona com a beatitude eterna, até ele se relacionar com ela. Tem apenas que deixar visitar pela resignação o campo da sua vida imediata, com todos os seus desejos e todas as suas paixões: se encontra uma única ilhota de resistência é porque não se relaciona com uma beatitude eterna. Nada mais fácil, de facto, que esta operação: se pode aparecer como difícil a alguns, é porque a vida imediata não se quer prestar ao inquérito, prova peremptória de que o sujeito em questão não se entrega a uma beatitude eterna. O facto de se dar à resignação o direito de inspeccionar a vida imediata implica na verdade que o sujeito renuncie a situar nesta o verdadeiro objectivo da sua existência, e que a resignação bem lho poderia ensinar. Se ele resiste perante a sua intrusão, é então porque se considera como bastante feliz aqui em baixo para não querer ouvir falar de outra coisa, ou que, proclamando-se como o mais infeliz dos homens receia ainda o pior, ou que espera melhorar a sua sorte pelo seu maquiavelismo, se é manhoso, pela benevolência de outrem, se se sente desarmado: seja de que maneira for, ele não põe a sua esperança numa beatitude eterna. Pelo contrário, se a resignação não encontra qualquer resistência no decorrer da sua inspecção, é a prova de que o homem em questão se entrega bem a uma beatitude eterna.

(*Post-scriptm*,
II Parte, II Secção, A,
«O patético», § 1)

5. Mas esta transformação da existência pelo *pathos* religioso é uma transformação inteiramente interior

Se um pobre operário fica apaixonado por uma princesa e se crê retribuído, qual é a maneira mais indicada de manter esta relação?

Não seria continuar a levar exactamente a vida dos outros operários, ir à fábrica como habitualmente, continuar a partilhar aí o destino dos outros operários? Então, se o trabalho lhe permite pensar no seu amor, não encontraria um encorajamento na ideia de que a sua humildade é aos olhos da princesa a maior das suas qualidades, o que não o impediria de lhe consagrar no seu foro íntimo uma adoração contínua e de sonhar com a alegria que poderia ter ao exprimir-lhe, se o ousasse, o seu amor de uma maneira mais evidente? Porque nunca viria ao espírito deste humilde operário que a princesa fosse tão má e tão vaidosa que lhe pedisse para provar ao mundo, por actos insólitos, que é amada por um operário.

Ora, existe certa concepção do sentimento religioso que, por não ter colocado devidamente no plano da interioridade os primeiros passos do aniquilamento do fiel, tende a representar Deus como um déspota ciumento e limitado, animado do desejo singular de que o mundo inteiro saiba pelo comportamento bizarro de um dado homem, que Ele é amado por esse indivíduo. Não vemos como Deus poderia encontrar nisso uma marca de honra digna dele, tal como ninguém pensa que o amor de um operário seja lisonjeiro para a princesa. Um tal sentimento religioso, ele próprio doentio e insano, acabaria por dar do próprio Deus uma ideia doentia e insana. O facto de que um homem dominado por um imperialismo tirânico possa sentir prazer em ver a submissão evidente de milhões de homens testemunhar toda a extensão do seu poder, não prova nada no que diz respeito a Deus. No entanto o homem religioso não hesitaria em agir deste modo se chegasse a uma tal ideia de Deus ou que Deus tivesse, para falar claro, necessidade de maravilhar o mundo e de provocar essa admiração pela conduta extraordinária dos seus fiéis, que tornariam assim o mundo atento à existência de Deus – pobre Deus que na sua situação escabrosa de ser invisível, desejaria a este ponto chamar sobre ele a atenção do público e que estaria sempre à procura de um terceiro para a provocar em seu nome!

(*Post-scriptum...*, II Parte, II Secção, A, «O patético»)

6. O pecado é uma ordem de realidade que se organiza por si própria

O facto de se encontrar em pecado constitui um pecado maior, ou, para usar uma fórmula mais exacta que nos propomos desenvolver, permanecer no pecado, é renová-lo, é pecar. O pecador pensará sem dúvida que aqui se exagera, ele que mal reconhece qualquer pecado actual como um pecado novo. Mas a eternidade que está atenta, imputa-lhe o estado de pecado como um pecado novo. O seu grande livro só tem duas colunas e «tudo o que não vem da fé é pecado» (*Rom.*, XIV, 23); a ausência de arrependimento após cada pecado é contada, instante por instante, como outros pecados novos. Ora é preciso reconhecer que raros são os homens cuja consciência interior é verdadeiramente contínua. Na maior parte das vezes só temos consciência de nós próprios pela intermitência, no momento de decisões graves, sem mesmo prestar atenção à vida quotidiana: dedicamos à nossa vida espiritual, desembaraçada de quaisquer outras preocupações, apenas uma hora por semana... Isto é evidentemente um modo de existência bem animal, para um espírito!

Mas a essência desta eternidade continua a ser a continuidade, e a eternidade reclama-a do homem, exigindo que ele tome consciência da sua espiritualidade e que creia. O pecador, pelo contrário, sente-se tão bem sob o império do pecado que já não se apercebe desta sujeição total que não cessa de o arrastar para a via da perdição. Ele só se dá conta dos pecados novos particulares quando provocam como que uma aceleração na sua queda, como se, no momento precedente, não fosse já arrastado a toda a velocidade pelos pecados anteriores. Aclimatou-se tão bem ao pecado, este tornou-se tão bem na sua segunda natureza que não vê nada de anormal no seu dia-a-dia, e não sente um sobressalto a não ser no momento em que recebe de cada pecado novo um impulso suplementar. Na cegueira desta perdição, ele não vê que substitui a continuidade verdadeira da eternidade (a do crente que se sabe diante de Deus) pela da sua própria existência, a continuidade do pecado.

Falamos da «continuidade do pecado». Mas o pecado não é justamente o descontínuo. Reencontramos aqui a teoria que vê no pecado apenas uma simples negação incapaz para sempre de adquirir uma realidade própria, tal como um bem roubado não se pode legitimar por prescrição: um pecado-negação procurando em vão constituir o seu ser próprio, é incapaz de consegui-lo apesar de todos os tormentos suportados por esta impotência no seu desafio desesperado. Certamente, é assim que os filósofos o representam; mas para o cristão (e devemos crê-lo, visto que nos encontramos em presença do paradoxo que ninguém pode compreender), o pecado é posição, uma coisa positiva que se organiza a si própria numa continuidade cada vez mais positiva.

(*A Doença Mortal*, II Parte, «O desespero é o pecado», «B) A continuidade do pecado», Introdução)

7. O desespero, o escândalo e a dialéctica da fé

Aqui a elevação da consciência do eu provém do conhecimento do Cristo, diante do qual se encontra colocado. A primeira parte tinha-nos já mostrado o homem ignorante do seu eu eterno, depois um homem consciente de um eu possuindo algum elemento de eternidade; a segunda parte reconduz esta atitude ao facto de o eu ter por si próprio uma consciência ou uma finalidade humana. A isto vinha a opor-se a ideia de um eu diante de Deus, nível de consciência que serve de base à definição do pecado.

Eis agora o eu diante de Cristo, um eu no entanto que, no estado de desespero, não quer ser ele próprio ou quere-o mal. Porque desesperar da remissão dos pecados leva com efeito a uma ou a outra das formas do desespero, o desespero-fraqueza ou o desespero-desafio: uma fraqueza escandalizada que não ousa crer, ou um desafio escandalizado que aí se refugia. Ao menos como não se trata mais de ser simplesmente igual a si próprio mas de se manifestar como pecador, quer dizer no plano da sua imperfeição, fraqueza e desafio são justamente o contrário do que costumam ser. Habitualmente a fraqueza do desespero consiste em não querer ser igual a si próprio: esta atitude releva aqui, pelo contrário, do desafio, visto que é um desafio não aceitar reconhecer-se por aquilo que se é, um pecador, e recusar a este título a remissão dos seus pecados. Habitualmente o desafio é, pelo contrário, querer ser igual a si próprio.

Mas aqui essa atitude deriva da fraqueza: o desespero consiste então em querer ser igual a si próprio, quer dizer um pecador, para o qual não poderá haver perdão.

Um eu em face de Cristo é um eu elevado a um poder superior pela imensa concessão de Deus, pelo imenso valor, valor de que Deus o investiu ao aceitar nascer, fazer-se homem, sofrer e morrer, em parte para a sua salvação. O que dissemos acima, que o eu progride com a noção de Deus é igualmente válido aqui: quanto mais a ideia de Cristo se desenvolve nele, mais o eu se eleva. O valor de um eu depende da sua medida. Dando-nos Cristo para medida, Deus lembra-nos e mostra-nos até onde pode ir a imensa realidade de um eu; porque é apenas em Cristo que Deus se revela verdadeiramente como o fim e a medida do homem, ou se se prefere como a sua medida e o seu fim. Mas, ao mesmo tempo, a intensidade do eu aumenta a do pecado...

O pecado em que se desespera da remissão dos pecados é o escândalo. Os judeus, a este respeito, tinham toda a razão em se escandalizar com o Cristo que queria perdoar os pecados. Era necessário um grau de insensibilidade espiritual tão elevado como o dos cristãos modernos para não se ficar nada escandalizado, quando não se é crente (porque neste caso crê-se na divindade de Cristo) diante de um homem que tem a pretensão de perdoar os pecados. Acrescento que não seria necessária uma menos forte dose de insensibilidade para ouvir, sem ficar escandalizado, que o pecado pode ser perdoado. Confesso que reside aqui para a razão humana a pior impossibilidade; sem considerar por isso como um génio aquele que não pode acreditá-lo, pois isto *deve* ser acreditado...

NOTA – Reparar-se-á que o desespero acerca do pecado é concebido naquilo que precede em função da dialéctica levando à fé. Porque esta dialéctica existe (se bem que a presente obra trate do desespero apenas como uma doença) é o que não se deve nunca esquecer, pela boa razão de que o desespero é também o primeiro momento, o elemento inicial da fé. Pelo contrário, quando o desespero do pecado volta costas à fé e a Deus, engendra um novo pecado. Na vida espiritual tudo é portanto dialéctica. Assim o escândalo, enquanto possibilidade abolida, é bem um elemento da fé; mas se ele se desvia da fé, não é mais do que pecado. Pode-se portanto reprovar a alguém o facto de nem sequer se escandalizar com o cristianismo, e fazendo isto, considera-se o escândalo como um bem; mas em compensação é também necessário reconhecer que o escândalo é também pecado.

(*A Doença Mortal*, II Parte,
«O desespero é o pecado»,
«B) A continuidade do pecado»,
«b) o escândalo»)

8. A verdadeira dialéctica da salvação consiste em sofrer diante de Deus

A alegria acaba no entanto por chegar, ela tem sempre a última palavra. Porque se nenhuma escola dura tanto tempo como a escola do sofrimento, nenhuma outra nos prepara para a vida eterna, e é finalmente possível que na escola da eternidade o discípulo ressuscite. Nem a filosofia, nem a ciência formam de facto para a eternidade: não há outro mestre para isso além do sofrimento, e a obediência que ele nos inculca. Isto é tão verdadeiro que aquele que foi e continua a ser verdade, aquele que sabia tudo, acreditou ser bom aprender uma única coisa: aprendeu a obediência pelas tribulações que sofreu. Se fosse possível ao homem aprender a obediência a Deus fora do sofrimento, Jesus Cristo enquanto homem não teria tido necessidade de a aprender pelo seu sofrimento. A obediência humana, eis o que ele lhe ensinou, porque a conformidade da sua vontade divina com a de seu Pai não é certamente a obediência, como nós a entendemos. A obediência pertence portanto ao seu rebaixamento, porque se sabe que ele se rebaixou e se tornouobediente. Mas o seu rebaixamento é a condição humana: assim, para o homem perante Deus, a obediência ensina apenas sofrimento, e se isto é verdade em relação àquele que foi a Pureza mesma, é muito mais quando se trata do pecador: o sofrimento é portanto a única escola da eternidade; porque a eternidade postula a fé, mas a fé postula a obediência. A obediência não pode conceber-se fora do sofrimento, a fé fora da obediência, a eternidade fora da fé. Mas no sofrimento a obediência é verdadeiramente obediência, na obediência a fé é a fé, e na fé a eternidade é verdadeiramente a eternidade.

(*O Evangelho do Sofrimento*,
cap. III)

C) O HUMOR, CATEGORIA DIALÉCTICA DA MATURIDADE ESPIRITUAL E DA EXISTÊNCIA CONCRETA

1. O humor e a fronteira ética do religioso

Assim o humor é definido como o último *terminus a quo* em relação ao religioso cristão. Na filosofia moderna, pretendida científica, o humor tornou-se pelo contrário uma fase superior que se atinge depois da fé: porque a fé está então situada no imediato, enquanto a especulação que é suposto ir mais longe do que a fé, nos permite atingir o humor.

Tal é a confusão geral à qual leva a especulação do sistema na medida em que ela pretende regular o destino do cristianismo.

A verdade é completamente diferente. O humor limita a imanência ao interior da imanência, consiste mesmo essencialmente numa recordação que não penetra na esfera da existência eterna, com a qual começam quer a fé quer os paradoxos. O humor é o último estádio, antes da fé, na interioridade da existência. Era portanto necessário, em nossa opinião, defini-lo por sua vez de modo que não ficasse nenhum estádio informulado susceptível de provocar uma certa confusão, e foi assim que fomos levados a expô-lo no nosso *Relato de sofrimentos*. O humor não é portanto a fé, e ele precede-a, bem longe de vir depois dela como uma espécie de progresso dialéctico. Com efeito, segundo a ética cristã, não se ultrapassa o nível da fé, porque a fé é o que há de mais alto aos olhos de um existente, como foi suficientemente exposto nas páginas precedentes. E mesmo quando o humor se experimenta no paradoxo, não o faz no mesmo plano que a fé. O humor não pede emprestado ao paradoxo esse lado doloroso que corresponde ao conteúdo ético da fé, contenta-se com o seu lado divertido. É de facto uma dor, um martírio que a fé suporta, mesmo nos períodos tranquilos ao ver a salvação depender daquilo em que a inteligência perde a esperança. Pelo contrário, um certo humor que ainda não chegou à maturidade (nem mesmo ainda a esse equilíbrio entre o cómico e o trágico que constitui a meu ver o humor propriamente dito), este humor sem maturidade é uma espécie de desenvoltura brotada demasiado cedo da reflexão. Fatigado com o tempo e a sua sucessão interminável, o humorista separa-se então dele com um salto e encontra um alívio humorístico em verificar o absurdo do espectáculo, tal como se pode encontrar um alívio análogo metendo a vida a ridículo valorizando paradoxalmente o insignificante, e vendo em todo o universo apenas uma ocasião de jogar à bola ou de montar a cavalo. Mas, fazendo isto, o humor sem maturidade não tem evidentemente nada a ver com sentimento religioso: seria antes um esforço da estética para saltar sobre a ética.

O humor vem portanto antes da fé e do domínio do verdadeiro

religioso cristão. Isto mostra aliás que enorme jogo de existência é concebível fora do cristianismo, mas em compensação, que desapego é exigido para abraçar correctamente o cristianismo.

(*Post-Scriptum...*,
II Parte, II Secção, Anexo,
«Relance sobre um esforço simultâneo
na literatura dinamarquesa»)

2. O humor e o incógnito do religioso

A situação respectiva do humorista e do religioso é análoga à do humorista e do ético, porque segundo o que se acaba de ver, a dialéctica imanente ao estádio religioso proíbe-lhe toda a experiência directa, todo o conhecimento adequado da diferença essencial, e não cessa de protestar contra toda a comensurabilidade do exterior e do interior, estimando infinitamente mais, nessa hipótese, a resolução monástica do que a meditação hegeliana.

Ora o humorista não cessa ([1]) de pôr a representação de Deus em conexão com qualquer coisa de diferente e de engendrar assim a contradição – mas ele próprio não se relaciona com Deus, com uma paixão religiosa (no sentido mais profundo do termo): amigo da brincadeira e no entanto profundo, transforma-se a ele próprio em encruzilhada para todas estas confrontações, sem por isso se ligar pessoalmente a Deus. O religioso, à primeira vista, procede do mesmo modo, quer dizer que ele põe a representação de Deus em conexão com tudo e apreende a contradição, mas no mais íntimo do seu ser liga-se inteiramente a Deus: enquanto o sentimento religioso imediato cede à piedosa superstição de ver Deus directa-

([1]) «Não o faz sempre, no sentido em que os pastores empregam a palavra, mas conserva esta orientação espiritual em cada hora do dia e em todas as circunstâncias. (*Entre parenteses no texto de K.*)

mente em todas as coisas, enquanto o regenerado ([1]) emite a pretensão idiota de requisitar Deus para seu uso exclusivo, de tal modo que basta encontrá-lo para ter a certeza de que Deus também está na jogada, porque ele trá-lo no bolso.

O sentimento religioso com o humor como incógnito é portanto a unidade da absoluta paixão religiosa (aprofundada dialecticamente) e da maturidade espiritual que faz voltar o sentimento religioso do exterior para o interior, e aqui encontra-se de novo a paixão religiosa absoluta. O homem religioso descobre que o que o ocupa absolutamente parece ocupar os outros bastante pouco, mas não tira disto nenhuma conclusão, primeiro porque não tem tempo de aprofundar a questão, depois porque não pode saber com toda a certeza se todos estes homens não são cavaleiros da interioridade escondida. A situação leva-o, para obedecer ao processo de interioridade dialéctica, a pôr entre os homens e ele uma parede para proteger a interioridade do sofrimento e da relação divina. Mas não resulta disto que este homem religioso abrace a inactividade: bem pelo contrário, ele não sai do mundo, permanece lá, porque é precisamente nisto que consiste o seu incógnito. Só que aprofunda interiormente a sua acção exterior diante de Deus reconhecendo que não pode nada, ao renunciar a manter qualquer relação teológica com o exterior, a procurar qualquer sucesso neste mundo finito, mesmo ao trabalhar com todas as suas forças: e é exactamente nisto que consiste o entusiasmo autêntico...

Mas, da interioridade escondida, com o humor como incógnito, parece resultar que o indivíduo está protegido contra toda a tentação de se tornar um mártir, o que o regenerado é demasiado levado a procurar. Sim, naturalmente, o cavaleiro da interioridade escondida está protegido contra este risco, ele, é em comparação com o regenerado que caminha sem receio ao encontro do martírio, apenas uma pobre criança ainda de mama – a menos que o verdadeiro

---

([1]) Pela palavra regenerados, Kierkegaard designa principalmente os discípulos da Grundtvig, quer dizer os membros de um movimento romântico de despertar luterano, que davam muita importância à sua «experiência religiosa».

martírio não consista no sofrimento do aniquilamento que se sente ao renunciar ao imediato, na resistência do próprio divino contra este existente que não consegue relacionar-se absolutamente com ele, e finalmente no facto de viver neste vale de lágrimas com toda esta interioridade sem possuir o meio adequado para o exprimir.

(*Post-scriptum*..., II Parte, II Secção, A, «O patético», § 2)

3. Epílogo: mistério do destino do pensador subjectivo

Quando uma barca aparelha, o mestre conhece de antemão, habitualmente, toda a travessia; mas se se trata de uma fragata, é apenas ao largo que o capitão abre a sua ordem de rota. Passa-se o mesmo com o génio: talhado para o alto mar, é lá que recebe as suas ordens – mas nós sabemos apenas resquícios sobre os vestígios das iniciativas que nos ocupam.

(*Cadernos*, VI, A, 93)

NOTA BIBLIOGRÁFICA

Obras de Kierkegaard publicadas sob pseudónimo:

Victor Eremita – *A Alternativa* (1843)
Johannes de Silentio – *Temor e Tremor* (1843)
Constantin Constantinus – *A Repetição* (1843)
Frater Taciturnus – *Culpado? Não Culpado?* (1845)
Johannes Climacus – *Migalhas Filosóficas* (1844)
Virgilius Hafniensis – *Diário de um Sedutor* (1843)
– *O Conceito de Angústia* (1844)
– *Etapas do Caminho da Vida* (1845)
Anti-Climacus – *A Doença Mortal* (1849)
– *O Conceito de Desespero* (1849)
– *A Escola do Cristianismo* (1850)

Obras publicadas e assinadas por ele:

Post-scriptum final não-científico às Migalhas Filosóficas (1846);

Ponto de Vista Explicativo da Minha Obra de Escritor (1849) [Publicado na colecção «Textos Filosóficos», n.º 10, Edições 70, Lisboa]

Julgai por Vós Mesmos (1851-1852)

Discursos Edificantes (cerca de 50 entre 1843-1850)

ÍNDICE

Impressão e acabamento
da
CASAGRAF - Artes Gráficas Unipessoal, Lda.
para
EDIÇÕES 70, LDA.
Março de 2003